Bauwelt Fundamente 144

Herausgegeben von
Ulrich Conrads und Peter Neitzke

Beirat:
Gerd Albers
Hildegard Barz-Malfatti
Elisabeth Blum
Eduard Führ
Thomas Sieverts
Jörn Walter

Michael Wilkens

Architektur als Komposition
Zehn Lektionen zum Entwerfen

Bauverlag
Gütersloh · Berlin

Birkhäuser
Basel

Satz und Layout: Lena Ebert, Basel

Bibliografische Information der Deutschen Nationalbibliothek
Die Deutsche Nationalbibliothek verzeichnet diese Publikation in der Deutschen Nationalbibliografie; detaillierte bibliografische Daten sind im Internet über http://dnb.d-nb.de abrufbar.

1., unveränderter Nachdruck 2014

Der Vertrieb über den Buchhandel erfolgt ausschließlich über den Birkhäuser Verlag.

© 2010 Birkhäuser Verlag GmbH, Postfach 44, CH-4009 Basel, Schweiz
und Bauverlag BV GmbH, Gütersloh, Berlin

bau ||| ||verlag

Gedruckt auf säurefreiem Papier, hergestellt aus chlorfrei gebleichtem Zellstoff. TCF ∞

Printed in Germany
ISBN: 978-3-0346-0365-2

9 8 7 6 5 4 3 2   www.birkhauser.com

Für Heidrun

Inhalt

Vorbemerkungen 9

1 Einführung: Über Komposition und „Design" 10
1.1 Über die klassische Viereckigkeit 20
1.2 Übergang zum Design: Hugo Härings Biberacher Häuser 23

2 Über die beiden klassischen Hausformen 28
2.1 Das Dach als bestimmende Form 30
2.2 Der additive Grundriß: Über „strukturelle Potenz" 32
2.3 Das Attikahaus und seine Fassade 38

3 Über die Wahrnehmung von Architektur 44
3.1 Geometrische Wahrnehmung 48
3.2 Organisatorische Wahrnehmung 51
3.3 Assoziative Wahrnehmung 58

4 Komponenten und Kompositionsformen 68
4.1 Räumliche Komponenten 70
4.2 Die einfachste Kompositionsform: Stapeln 81

5 Kompositionsformen: Verdichtung, Vervielfachung 86
5.1 Anhäufung, Verdichtung 88
5.2 Vervielfachung, Offenheit 96

6 Kompositionsformen:
   Vereinfachen, Verkomplizieren nach innen 108
6.1 Vereinfachung, Vereinfältigung 110
6.2 Die Zauberkiste:
   Loos' Raumplan und Le Corbusiers Großform 116

7 Kompositionsformen: Durchdringung, Konfrontation 130
7.1 Durchdringung, Überlagerung 133
7.2 Das Nebeneinander des Unvereinbaren:
Dekonstruktivismus 144

8 Über die Kunst der Außen- und Zwischenräume 150
8.1 Exkurs über Historismus, Moderne und Postmoderne 153
8.2 Von außen nach innen entwerfen! 164

9 Über Materialität, Tempo und Leichtigkeit 168
9.1 Lob der „Schmutzigkeit" 170
9.2 Spezifische Tempi 179
9.3 Gewicht und Transparenz 182

10 Schluß
Über Konzept-Architektur als Kritik der Gewohnheit 188

Über den Autor 208

Namenregister 210

Vorbemerkungen

Die vor zehn Jahren erstmals veröffentlichten Lektionen zum Entwerfen haben sich, wie ich aus zahlreichen Briefen und Nachfragen weiß, als sehr hilfreich zum Verständnis von Architektur erwiesen, auch für am Thema interessierte Laien und Schulen. Ich freue mich deshalb, daß sie nun in den *Bauwelt Fundamenten* wieder erscheinen. Bei der Überarbeitung für die 2. Auflage wurde mir erschreckend deutlich, wie weit sich der Beruf inzwischen – nach nur zehn Jahren – unter dem Druck zunehmender Ökonomisierung und Beschleunigung von dem hier dargestellten Entwurfshandwerk *step-by-step* entfernt hat. Aber auch: wie wichtig der Anschluß an die hier beschriebenen und erörterten Regeln für eine kommende Architektur der Sparsamkeit und Entschleunigung sein wird.

Vorausgeschickt sei, daß die Auswahl der Beispiele keineswegs repräsentativ ist. Sie erklärt sich eher aus der Verfügbarkeit von Bildern, vor allem aber aus der eigenen Erfahrung – ich spreche nicht gern über Bauten oder Architekten, die ich nicht wirklich kenne oder „erfahren" habe; wenn ich sie nicht selbst kennen gelernt habe, so doch wenigstens durch intensives Studium der Literatur. Wenn beispielsweise ein so wichtiger Architekt wie Louis Kahn unerwähnt bleibt, so liegt das daran, daß ich nie einen Bau von ihm selbst gesehen habe und nie eine persönliche Beziehung zu seinem Werk habe herstellen können. Meine sehr persönliche Auswahl erklärt auch, warum so viele Beispiele aus Deutschland und manche aus der eigenen Arbeit stammen. Die Leser sollten wenigstens wissen, daß dieses Buch weniger das Ergebnis geduldiger wissenschaftlicher Arbeit als vielmehr das sehr persönliche Bekenntnis eines Architekten zu seiner „Kunst" ist.

Im November 2009   Michael Wilkens

Componere
= Zusammen-
setzen

design

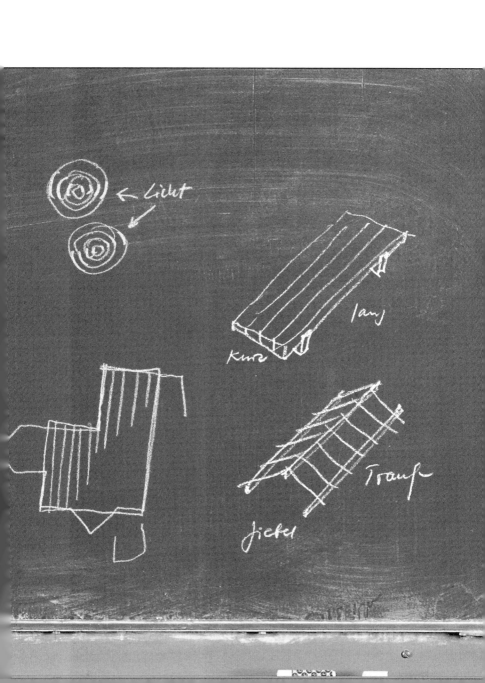

1 Einführung: Über Komposition und Design

Das Gebiet, um das es hier geht, liegt zwischem dem, das das Bauen als bloße Technik, Bedarfsdeckung und Naturbeherrschung versteht und jenem anderen, das es als künstlerischen Ausdruck und Inhalt sieht. Wir bewegen uns dabei also zwischen den eher objektiv durch Natur und Gesellschaft gesetzten Faktoren, wie sie zum Beispiel in der Baukonstruktionslehre, der Bauphysik und der Tragwerkslehre beschrieben werden, und den ethischen und ästhetischen Kriterien, die eher subjektiv gesetzt sind und das Bauwerk als Ausdruck künstlerischer Absicht sehen oder – anders gesagt – als Ausdruck einer Sprache. Und genauso wie die Sprache zur Bildung von Ausdruck und Inhalt auf Regeln angewiesen ist, welche die durch bloße Stimmbildung erzeugten Geräusche erst zu Sprache strukturieren, gibt es Regeln, die aus irgendwelchen mehr oder weniger zweckvollen Anhäufungen von Bauteilen ein absichtsvoll strukturiertes Ganzes machen, das wir dann als Architektur wahrnehmen und verstehen können.

Denn ob es uns nun abstößt oder anregt: Das strukturierte Material spricht uns an, es ist – wegen seiner grammatischen Strukturierung – verständliche Mitteilung und Ausdruck. Diese vorsubjektive Struktur, die also selbst noch nicht subjektiv gesetzter Ausdruck und Inhalt, aber auch nicht mehr bloße Anwendung technischer Erfahrung ist, nenne ich Komposition. Denn dieser Begriff beschreibt am besten, was die zentrale Aussage dieser Lektionen ist: daß nämlich die Architektur nicht mit synoptischen und ästhetischen Begriffen allein beschrieben werden kann, wie die Kunstgeschichte sich das angewöhnt hat, sozusagen als ein mit bestimmten Stilelementen versehenes Konstrukt in drei Dimensionen, sondern zuerst *mit Hilfe des Zeitmetrums wie Sprache und Musik, als ein Artefakt, das in der Zeit abläuft, das einen strukturierten Ablauf im zeitlichen Nacheinander hat und erst damit verständlich wird.*

Wir können uns diese Aussagen an einem einfachen Beispiel klarmachen: dem Bau einer runden Tischplatte aus Holzstäben. Der Begriff Bau beschreibt dabei den Umstand, daß wir die Platte nicht einfach aus einem Stück ausschneiden können. Wir müssen sie aus einzelnen Holzteilen *zusammensetzen.* Der Tischler entwickelt also eine Strategie, eine Schrittfolge, nach der er die Teile *nacheinander zusammensetzen* wird. Dabei muß er natürlich technische Regeln beachten, wie zum Beispiel die, daß das Holz in Querrichtung zur Faser mehr arbeitet als in Längsrichtung. Er wird aber auch, wenn er seinen Beruf und das Material liebt und das Schöne, die Strategie so wählen, daß das Werkstück auf den Betrachter in bestimmter Weise wirkt – ihn *anspricht*. Wenn also eine räumliche Figur *zusammengesetzt* wird, und die gewählte Schrittfolge des Zusammensetzens nicht nur brauchbar und technisch, sondern auch künstlerisch bestimmt ist, spreche ich hier von Komposition. Übrigens ganz in der Tradition des alten Vitruv und aller ihm folgenden Architekturtheoretiker, die sich auf seine drei Kategorien *firmitas* (Festigkeit), *utilitas* (Brauchbarkeit) und *venustas* (Anmut) stützten, die sie als zentrale Kriterien der Architektur ansahen. Wir könnten also auch einfach sagen: Unser Begriff von Komposition bezieht sich auf Architektur im klassischen Sinne, womit unser Tisch keineswegs ausgeschlossen ist.

Es gibt – um bei unserem Beispiel zu bleiben – verschiedene kompositorische Strategien, eine runde Tischplatte zu bauen (1): Eine additive, die nur konisch geschnittene Stäbe aneinanderfügt, so daß sich eine strahlenförmige Sonne bildet, sowie eine hierarchische mit einer „Ober- oder Primärform" in Gestalt eines Rahmens beziehungsweise einer Zarge aus vier miteinander verkämmten und seitlich rund geschnittenen Brettern, in die dann diese „Sonne" aus strahlenförmig addierten, keilförmigen Stäben eingesetzt wird. Im Bauen haben wir es freilich mit komplexeren Gebilden zu tun. Aber auch dort sind die Regeln der Komposition stark mit denen des Materials, des Tragverhaltens und der Baustellenlogistik verbunden und deshalb selten im Widerspruch zu den anerkannten Regeln der Kunst und des Handwerks.

Diese Beziehung deutet aber auch zugleich die etwas rückwärts gewandte, konservative Art kompositorischer Betrachtungen an. Sie ist nämlich *handwerklich orientiert*. Ihre Regeln verlieren nach und nach durch die zunehmende Industrialisierung des Bauens ihre handfeste, materielle Grundlage. Um auf unsere Tischplatte zurückzukommen: Es gibt seit Anfang des zwanzigsten Jahrhunderts Sperrholz, das uns ermöglicht, die Platte nicht mehr „bauen" zu müssen. Statt kompositorische Überlegungen anzustellen, können wir eine runde oder auch eine „Nieren-Form" mit einem hingeworfenen Linienzug zeichnen und aus einem Stück ausschneiden. Diese Leichtigkeit des industriellen „Designs" war implizit die Botschaft der Nierentischmode in den fünfziger Jahren (2). Die Form mußte nun nicht mehr langwierig nach Regeln schrittweisen Zusammensetzens entworfen werden. Sie konnte jetzt unabhängig davon und sozusagen mit *einem* schwungvollen Strich *gezeichnet* und hergestellt werden. In diesem Fall, wo die Zeichnung schon von kompositorischen Überlegungen befreit ist, spreche ich von „Design" – was Designer sicher als vollkommen abwegig bezeichnen werden. Sie mögen mir verzeihen. Für unsere Betrachtung, bezogen auf das Bauen, ist diese Unterscheidung einfach praktisch. „Design" bezeichnet demnach die Erzeugung von Formen, die nicht schrittweise und Stück für Stück gebaut, sondern aus amorpher Substanz „gegossen" werden. Die Ausführung ist hier nicht mehr Bauen, sondern Montieren. Wenn wir heute von Gebäudedesign sprechen, so meint das genau diesen Vorgang, der sozusagen in dem Bewußtsein geschieht, daß die hochentwickelte Bautechnik jede Form „mitmacht". Diese Definition ist noch mit keiner Wertung verbunden. Ganz im Gegenteil: Wir können Beispiele großer Architekten benennen, die alle diesen Begriff einer schmiegsamen, von handwerklicher Eckigkeit befreiten Technik hatten und diese Hoffnung durch deutliche Mißachtung kompositorischer Regeln demonstrierten. Als typisches Beispiel sei hier nur der Einsteinturm von Erich Mendelsohn (3/4) genannt. Auch er sollte buchstäblich gegossen werden, was dann allerdings aus Kostengründen nicht geschah. Er wurde traditionell weitgehend gemauert. Aber er zeigt sehr gut diesen Begriff der Form, die „Design" ist und nicht Komposition: eine rasch hingeworfene Zeichnung, die dann „irgendwie" mit den Möglichkeiten hochentwickelter Industrie materialisiert wird. Gerade bei Mendelsohn spielen die rasanten Zeichnungen diese emanzipative Rolle:

1/2

Die Form befreit sich aus ihrer kompositorischen Beschränktheit. Hugo Häring, der häufig als Expressionist mißverstanden wurde, ist ein anderer Repräsentant dieser frühen „Design"-Architekten.

Seine Überlegung etwa, die Notwendigkeit großer Schränke im Haus gleich für die Lastabtragung des Daches mitzunutzen, also leichte Schmetterlingsdächer auf schweren vormontierten Schränken zu montieren (5), zeigt ganz typisches „Design"-Denken. Nach Häring, der in den fünfziger Jahren noch zwei wunderbare Häuser in Biberach baute, die mich damals tief beeindruckt haben und die wir uns noch näher ansehen werden (vgl. S. 23 ff), blieb dann nur Hans Scharoun, der – lange bevor es Mode wurde – die Architektur von ihren kompositorischen Skrupeln befreite und die verfügbare Bautechnik zu wunderbaren „gegossenen" Rauminszenierungen nutzte.

Zwischen 1963 und 1966 hatte man in Berlin zwei Baustellen fast nebeneinander, die das Ende von Architektur in diesem kompositorischen Sinne und den Anfang von „Design" eindrucksvoll zeigten. Die eine war Ludwig Mies van der Rohes Baustelle der Nationalgalerie (6), die andere die von Scharouns Philharmonie (7). Ich wohnte damals als Student nicht weit davon am S-Bahnhof Tiergarten und machte regelmäßig zum Wochenende meine Baustellenbesuche. Unvergeßlich der unbeschreiblich regelmäßige Stützenwald im Sockel der Nationalgalerie. Hier war ja alles noch gefügter, komponierter Bau, von archaischer Strenge. Eins aufs andere. Das große Dach wurde auf dem fertig betonierten Sockelgeschoß liegend

3/4

nach einem komplizierten Schweißplan[1] von Schiffsbauern aus zentimeter-
dicken Schiffsblechen wochenlang zusammengeschweißt. Echtes Vollmaterial – Mies duldete keine Hohlprofile. Selbst die Fenster mußten aus
massivem Walzstahl sein. Das Stahldach auf acht Stützen verbrauchte denn
auch ziemlich genau die gleiche Menge Stahl wie nebenan, auf einer Baustelle Paul Baumgartens, das Stahlskelett für die drei Hochhaustürme der
BEWAG forderte! Hätte man das Kassetten-Dach aus einem Klotz ver-
leimten Massivholzes von Zimmerleuten ausstemmen lassen, es wäre ingenieurtechnisch kaum absurder gewesen! Nur der kühle Stahl sorgte für ein
nicht ganz so mittelalterliches Bild. Absurd: Gerade Mies, der uns immer
als der wirklich Moderne dargestellt wurde, zelebrierte hier ein archaisches
handwerkliches Bauen – gegen alle technische Vernunft. Das war eine Art
Architektur-Fundamentalismus: Trotzig bestand er auf einem fast rituali-
sierten handwerklichen Bauen. Und auf Gewicht! Schwere! Schwere war
immer schon die Essenz von komponierter Architektur gewesen. Was
machte es schon, daß sein Dach so schwer war wie drei Hochhäuser –
da flog es wenigstens nicht weg! Das blieb stehen! So etwa muß er wohl
gedacht haben.

Wie anders dagegen Scharouns Baustelle gegenüber, der nächsten Station
auf meinem Baustellengang. Da war ein munteres Durcheinander von
Kunststoff-Folien, Schaumstoffplatten und leeren Silikon-Hülsen. Da
wurde ziemlich ungehemmt aus allem möglichen Billigmaterial montiert,
geklebt, geklemmt, geschossen. Faserplatten auf Stahlwinkeln auf imprä-

5

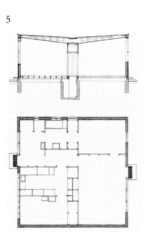

gnierten Holzlatten auf Beton – alles hing mit allem „irgendwie" zusammen, wie sehniges Fleisch! Schon das schiefwinklige Betontragwerk hatte eine unübersichtliche, amorphe und statisch völlig unbestimmte, (ingenieurtechnisch also umso leistungsfähigere) Struktur. Die anscheinend improvisierten Unterkonstruktionen sahen schrecklich aus. Und besonders störten mich immer die Treppenhaus-Außenwände aus runden Buntglasbausteinen mit kitschigen Bonbon-Farben, die eine mit überwiegend roten, die andere mit mehr blauen Glasbausteinen. Wie geschmacklos! Hatten wir nicht gelernt, daß der Rohbau „stimmen" muß? Aber dann kam der Tag der Eröffnung: Alle Verkleidungen, alle Karosserieteile waren montiert, die Gerüste und Schutzhüllen fielen. Und ans Licht kam einer der bis dahin schönsten Konzertsäle Europas! Und die Treppenhäuser in farbigem Licht, das sich in Prismen an den Handlaufenden und in den Brillanten der Besucherinnen brach! Aber alles mit den billigsten Industrieprodukten! Hinter „meinen" kitschigen Glasbausteinwänden mit den bunten runden Glasbausteinen waren außen Punktstrahler montiert, hinter jeder Treppenhauswand ein einziger, dessen starkes Licht durch die rund gerieften, bunten Prismengläser in tausend auseinanderstrebende Farbspritzer zerteilt wurde! Eine Explosion aus rotem und aus blauem Licht! Davor die Menschen auf der Treppe! Was für eine festliche Pracht! Die Philharmonie war zu ihrer Zeit das bis dahin kostengünstigste Konzerthaus der Republik! Das war, wovon Hugo Häring in den zwanziger Jahren immer geredet hatte: Indienstnahme der industriellen Technik! Scharoun hatte, statt sich endlos über „richtige", werk- und materi-

6/7

algerechte Konstruktionen den Kopf zu zerbrechen, bloß die Räume und die begrenzenden Flächen und Volumen gezeichnet und sie von den Baufirmen mit ihren technischen Mitteln sozusagen „ausgießen" lassen. Doch so schön und festlich diese Räume waren: Man merkte doch auch den Verlust, man spürte auch diese Hohlräume hinter den „Design"-Oberflächen. Man spürte plötzlich, daß uns hier die schwere, festgefügte Architektur, in der wir doch bis dahin zuhause waren, schon verlassen hatte. Und von hier aus gesehen hatte der Mies-Bau drüben etwas Beruhigendes. Das war noch nicht diese hohle, leichte Form. Das war noch Architektur, mit Gewicht und Schritt für Schritt gebaut! Aber sie hatte auch nichts mehr mit dieser Gegenwart zu tun. Sie war ein Tempel, kein heutiges Gebäude. Und das hier war ein heutiges Gebäude – aber es war aus Pappmaché, es hatte keine feste Substanz mehr. Das genau war die Situation, in die dann – genau zu diesem Zeitpunkt – die postmoderne Architektur einbrach, ganz plötzlich und unerwartet. Wir können sie als eine Antwort auf diese Situation verstehen: als den Versuch, diesen Verlust mit der Rückkehr zu dem alten Kodex gefügter und komponierter Teile zu kompensieren, ohne deshalb zu der Echtheit und dem Vollmaterial zurückzukehren, die der alte Fundamentalist ihr noch entgegengesetzt hatte. Doch was dabei herauskam, waren natürlich nur noch hohle architektonische Attrappen, Abgüsse jener monumentalen Strukturen, die Säule, Pfeiler und Balken hießen, und die doch so selbstverständlich nicht mehr wieder kamen. Und das machte den Verlust gebauter Architektur jetzt erst recht deutlich. Doch entstanden dabei auch wunderschöne, melancholische Elegien auf die alten Gebäude. Man denke nur an Aldo Rossis hölzer-

8/9

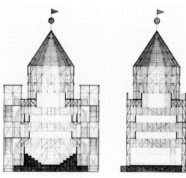

nes Teatro del Mondo, das auf dem Canal Grande durch Venedig gezogen wurde (8/9), vorbei an all den herrlichen Speichern, Palästen und Kirchen. Überhaupt Rossi: Indem er die vertrauten Inhalte – Schule, Kirche, Friedhof, Fabrik – in monumentale Architekturattrappen umsetzte, zeigte er zugleich, daß das alles schon Erinnerungen waren, daß mit der Architektur auch das Repertoire solcher Inhalte sich aufzulösen begann. Und wir bemerkten: Nicht nur die stabilen und schweren Gebäude, auch ihre Inhalte begannen sich an den Rändern aufzulösen. Gab es früher noch die Fabrik, aus der abends die Arbeiter zurück in ihre Wohnungen strömten, so sahen wir jetzt die Lohnarbeit mehr und mehr aus diesen Arbeitsstätten verschwinden. Statt dessen pendelte sie nun – soweit sie nicht in Nichtstun und Elend mündete – aus den Vororten in ein ortloses Stadt-Kontinuum ein. Und all diese vertrauten Orte lösten sich allmählich auf. Nicht ausgeschlossen, daß die Verwaltungsflächen von heute sich schon bald in Wohnbüros verwandeln. In den Wohnungen findet ja zunehmend auch Heim- und Telearbeit statt. So erleben wir immer öfter, daß das Philharmonieorchester in der Verkaufshalle eines Autoherstellers spielt und Kirche in einer Tiefgarage stattfindet und so weiter, also genau das Kontinuum der „Non-Stop City", das Archizoom Associati ebenfalls in den späten sechziger Jahren in ihren Collagen und Spiegelmodellen dargestellt hatten (10).

Nach all dem macht es wenig Sinn, immer noch nach der guten alten Architektur als einer Art neuen Ethik zu rufen, wie das in Berlin um 1990 unter dem Motto *Neue Einfachheit* geschah. Es gibt Bauaufgaben, bei denen es sicher gut ist, die alten Regeln der Komposition zu beachten, und andere,

10

wo wir besser dem Beispiel der Scharounschen Philharmonie folgen und die neuen Möglichkeiten nutzen wie Frank O. Gehry in Bilbao. Nur eines sollten wir bei dieser Gelegenheit lernen: Die wirkliche, schwere, handwerklich unter großen Mühen gebaute Architektur kommt nicht wieder. Und deshalb sollten wir wenigstens vorsichtig mit ihren Restbeständen umgehen, sie nutzen statt sie zu zerstören! Das ist alles. Ansonsten rede ich hier von der klassischen Architektur mehr in dem Sinne, wie die Musiker sich heute über klassische Musik als einen von *verschiedenen* Codes verständigen. Sie kennen diesen Code – natürlich! – und wenden ihn gelegentlich an. In diesem Sinne gehen wir das Thema hier an.

1.1 Über die klassische Viereckigkeit

Wir beginnen auf der entgegengesetzten Seite dieser Entwicklung, bei dem Bauen, das selbst die Modernen noch als klassisch von ihrer eigenen Architektur unterschieden haben. Dieses war auf wenige Materialien, im wesentlichen Holz und Stein, und natürlich auf die Schwerkraft angewiesen. Die Kompositionsformen waren elementar, und sie glichen einem *Stapel*: Auf einem schweren, aus großen Quadern gefügten Sockel stehen Mauern und Säulen, auf diesen aufgesetzt ruht ein Architrav, der seinerseits wieder eine Balkenlage trägt, auf die ein geneigtes Dach aufgesetzt ist. Damit dieser Stapel nicht umfällt, ist er auf die großen Eigengewichte aller Teile angewiesen. Diese Schwere macht zuweilen das Melancholische dieser klassischen Konstruktionen aus. Die Melancholie wird in den Zeichnungen Piranesis oder später in der Malerei Böcklins noch gesteigert, die die schweren Stapel ohne die Dächer und Balken als bloße Ruinen darstellen (11). Wir werden später auf die Elemente dieser klassischen Stapelkompositionen zurückkommen (vgl. S. 81ff). Vorab aber sollten wir uns einige anscheinend selbstverständliche Eigenschaften klassisch komponierten Bauens klarmachen. Erstens: ihre Viereckigkeit. So banal die Frage auch scheint, man sollte sie sich als Architekt doch schon einmal gestellt haben: Warum sind diese klassischen Bauten, von wenigen kreisrunden Ausnahmen abgesehen, immer rechteckig, oder wenn schon nicht im rechten Winkel so doch wenigstens viereckig? Oder: Warum sind heutige Bauten, die ihren Charakter als „Design" demonstrieren wollen, eben unbedingt *nicht* viereckig oder kreisförmig, sondern elliptisch oder sonstwie gekrümmt? Viereckigkeit ist ganz offensichtlich typisch für die klassische, noch gebaute Architektur, und sie rührt sicher nicht von den sprichwörtlichen vier Wänden her, die doch auch auf einer krummen Grundlinie und in freien Winkeln zueinander gemauert werden könnten. Nein, die Viereckigkeit hat mit den horizontalen Teilen zu tun, die aus geraden Balken oder aus regelmäßigen Druckbögen gefügt werden! Und diese horizontalen Gefüge können, wie wir am Beispiel der Tischplatte gesehen haben, nicht leicht in eine freie Form gebracht werden. Die tragenden Teile liegen parallel zueinander und haben eine gewisse Spannweite. Und selbst ohne ein Dach mit seinen geneigten Flächen entstehen eine Hirnholz- und eine Langholzseite oder, bei Bauten: eine Giebel- und eine Traufseite – jedenfalls eine, bei der die Balken oder Stichbögen ankommen, und eine, an der die Balken entlanglaufen beziehungsweise die das Widerlager der Bögen bildet. Das sind aber verschieden strukturierte Kanten! Sie erfordern ver-

schiedene Bearbeitungsweisen und stellen ganz verschiedene Bedingungen. So wird bei der Tischplatte die Hirnholzseite nicht auf Dauer gerade bleiben, sondern sich werfen. Sie braucht deshalb eine quer verlaufende Zarge, die die gerade Form geradehält. An den Längsseiten sind diese Zargen nicht unbedingt nötig, aber die beiden Zargenköpfe sind störend. Deshalb wurde hier häufig die Zarge herumgeführt und nahm dann an diesen Längsseiten, wo sie eigentlich unnötig war, eine Schublade auf (Zudem diente sie natürlich zur Fixierung der Tischbeine). Bei den Dächern gibt es ähnliche Probleme. Wir haben zum Beispiel in der einen Richtung je einen Balken, auf dem die ankommenden Sparren fixiert werden, den wir in der anderen Richtung nicht haben. Oder wir können, wenn wir diese „Pfetten" nicht haben und die Sparren nur auf einer Bohle fixiert werden, die auf den längslaufenden Mauern verankert ist, das Dach

11

nur auf den beiden das Dach tragenden Mauern überstehen lassen, an den Giebeln jedoch nicht. Wir haben also immer zwei mal zwei sich gegenüberliegende Seiten mit je gleichen Bedingungen, zwei Längs- und zwei Querseiten, die wir deshalb, selbst wenn sie geometrisch kaum unterschieden sind wie bei den meisten Flachdächern, dennoch unterschiedlich bezeichnen: nämlich als *Giebel* und *Traufen*. Selbstverständlich gibt es auch hier Formen, die diesen Unterschied aufheben und die Traufe etwa herumführen und den Bau sozusagen rund machen wie bei dem sehr schönen Haus von Hermann Mattern in Kassel, das die Sparren der Pultdächer fächerförmig ausbreitet und so „runde" Hauskörper bildet. Oder wie oft bei Häusern in Anatolien (12/13). Diese abgewalmten Formen sind aber bereits komplizierter. Und sie vollziehen die Rundung doch, wie in unserem türkischen Beispiel, unter Beibehaltung der viereckigen Grundrißform. Freie, „organische" Formen sind also alles andere als natürlich, wie oft behauptet worden ist. Sie sind nicht nur meßtechnisch, sondern in fast jeder Beziehung aufwendig und – wenn diesem Aufwand kein angemessener Nutzen gegenübersteht – krampfhaft. Die Natur selbst baut in diesem Sinne ja nicht. Sie ist über das Stadium des Bauens schon hinaus und deshalb gar nicht mit dem Herstellen von Artefakten vergleichbar. Die freie Form zieht daraus ihren Vorteil, weil sie sich aus diesen Begrenzungen löst, das Gefängnis des alltäglichen Bauens verläßt wie ein Schmetterling seine Puppe und munter davonfliegt: so wie Scharouns Philharmonie oder Gehrys Museum in Bilbao!

Eine andere Eigenschaft, die mit räumlichen, gebauten Kompositionen verbunden ist: die Senkrechte oder Lotrechte. Die Bauten halten – in der klassischen gestapelten Form – allein durch die Wirkung der Schwerkraft

12/13

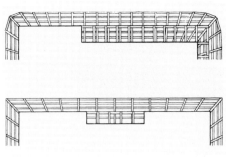

22

zusammen. Wie erst das Gewicht des Wassers eine Vase stabilisiert, so hindert das Gewicht der steinernen Säulen, Pfeiler oder Mauern den ganzen lotrechten Stapel am Umkippen. Diese einfache Form der Stabilisierung bedingt zusammen mit dem viereckigen Grundriß die kubische Form, die das Normale und ganz Natürliche im Bauen ist und die eigentlich erst verlassen wurde, als zu Beginn des 20. Jahrhunderts mit dem Eisenbeton ein Material zur Verfügung stand, das weder lotrecht noch als Rechteck verbaut werden mußte, weil es mit verborgenen „Zuggurten" auch höhere Zugkräfte aufnehmen konnte. Das aber ist schon „Gußform", also nicht mehr nachvollziehbar gebaute, nicht mehr zusammengesetzte Form. Wie der freie Grundriß sind größere zugbeanspruchte Konstruktionen schon „Design", nicht mehr entzifferbar mit dem vertrauten Repertoire.

1.2 Übergang zum Design: Hugo Härings Biberacher Häuser

Ich möchte diese Einführung nicht abschließen, ohne noch einen Blick auf die schon erwähnten Biberacher Häuser von Hugo Häring geworfen zu haben. Diese Häuser hatten für mich lange Zeit eine mir selbst rätselhafte Bedeutung. Ich habe sie 1958 gesehen, gerade 1 Jahr nach Härings Tod, und von da an waren sie mein Menetekel und sind es eigentlich bis heute geblieben. Inzwischen scheint mir nur hinreichend klar, was mich an ihnen immer fasziniert hat: Die Biberacher Häuser bezeichnen genau den Grat zwischen dem komponierten Bauen und dem Gebäudedesign, aber sie

14

vollziehen diese frühe Paßüberwindung nicht mit Heroismus und Show-business wie heute üblich, sondern im Gegenteil ganz leise und so, daß es kein Laie merkt. Ich kann mich noch gut erinnern, wie ich mit Rainer Herrmann, einem Oldenburger Architekten, die angegebene Straße hochfuhr und wie wir die Häuser nicht fanden. Wir fragten schließlich eine Passantin nach dem Haus Werner Schmitz. „Aber Sie stehen doch davor", sagte sie. Und tatsächlich, wir hatten vor der eingeschossigen Front eines ganz unscheinbar wirkenden Hauses mit leicht ansteigendem Pultdach gehalten (14). Wir waren natürlich auf etwas Modernes eingestellt, also auf etwas ganz Auffälliges, Sensationelles! Wir klingelten. Eine nette Dame – wie sich später herausstellte, die Bauherrin – öffnete und freute sich über unser Interesse. Sie meinte, das Architekteninteresse sei eigentlich viel zu gering. Hier könnten die heutigen Architekten etwas lernen. Wir standen in einem ziemlich engen Vorraum, der geradeaus gegenüber der Haustür auf eine in den Abmessungen ebenso bescheidene Küche führte. Aber da gab es ein Küchenfenster, aus dem der Blick an der Wand des seitlich vorspringenden Hauses entlang gerade auf die Biberacher Kirche ging. Ich staunte, wie kompakt und klein alles sei. „Ja," sagte Frau Schmitz, „aber sehen Sie mal hier!" und sie bat uns aus dem engen Eingangsflur einen Schritt weiter. Und da standen wir in einer Perspektive, die fast 10 m weit und am Ende schräg zum Licht hin abgewinkelt war. Und wenn man eine Schiebetür öffnete, öffnete sich eine fast ebenso weite Perspektive im rechten Winkel dazu nach Süden und in einen ebenfalls abgewinkelten und stark durchfensterten Erker, aus dem eine Fenstertür seitlich auf eine ganz und gar eingegrünte Terrasse führte, die den Blick talwärts nach Süden wieder seitlich rahmte (15/16). Ganz anders als moderne Häuser war alles sehr dicht möbliert. Aber es entstand dennoch keine muffige Atmosphäre, was wir uns mit dem sichtbaren Holzfachwerk erklärten, das uns ohne-

15/16

hin überraschte. Denn außen war das Haus geputzt. Die innere Teilung der Wandflächen durch Pfosten und Riegel verdichtete sich in den Fenstern, wo die Teilung unterhalb des Kämpfers um etwa ein Drittel versetzt war, so daß der Pfostenraster hier mehrfach gebrochen war. Die Bauherrin betonte, daß es sich eigentlich um ein vorfabriziertes Haus ohne massive Wände handele. Es sei alles sehr schnell gegangen …

Wenn ich das alles heute beschreibe, fällt mir auf, wie schwierig es ist, unsere damalige Überraschung verständlich zu machen. Sie rührte wohl daher: In einem ganz einfachen, viereckigen Haus gab es innen einen völlig

freien und zudem noch durch zwei Schiebetüren ganz und gar veränderbaren Grundriß (17 a/b). Die Komplexität des Raumes ist mit klassischen Mitteln erreicht worden: An einen mit Welltafeln gedeckten Pultdachkern sind außen große, dreieckige, mit Dachpappe eingedeckte Erker angesetzt (18). Aber dieser Aufbau wird innen durch teilweise abgehängte Decken unkenntlich gemacht, um – unterstützt durch große Schiebetüren – Überlagerungen verschiedener Raumfiguren zu ermöglichen. Und um verteuernde und technisch riskante Details zu vermeiden, verschwindet außen alles unter einer winddichten, aber dampfdurchlässigen Putzschicht. Gerade diese „Verkleisterung" jedoch

17 a/b

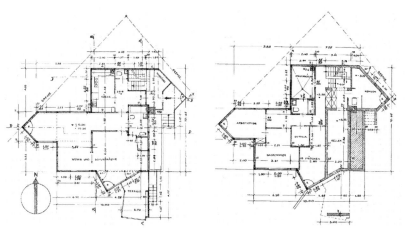

25

18

war damals ganz gegen den von Mies bestimmten Zeitgeist, der die technische Substanz, die „echte" Konstruktion immer zeigen wollte. Häring aber zeigte nicht, er nutzte die Technik. Ihm ging es nicht um die Ästhetik einer Technik, sondern um deren Nutzung für ein Maximum an Schönheit und Brauchbarkeit. Da haben wir wieder das Moment des Übergangs, wie bei Scharouns Philharmonie, nur viel leiser und unspektakulärer: Härings Haus ist noch gebaut, aber auch schon vorgefertigt, montiert. Aber lassen wir Häring selbst sprechen. „Das Ziel dieses Hausbaus ist, es sei dies ausdrücklich betont, keineswegs, eine nur eben zulängliche Behausung für billiges Geld zu schaffen, sondern durchaus eine neue Hausform zu gestalten, die von neuen konstruktiven Überlegungen ausgehend, Wohnansprüchen besser und vollkommener zu genügen vermag, als die alte Haus- und Konstruktionsform, und dabei, durch ihre Industrialisierbarkeit nicht etwa nur ‚nicht teurer, sondern erheblich billiger' ist."² Und an anderer Stelle: „Wir wollen aber nicht die Dinge, sondern nur ihre Herstellung mechanisieren. Die Dinge mechanisieren heißt, ihr Leben – und das ist unser Leben – mechanisieren, das ist abtöten. Die Herstellung mechanisieren heißt: Leben gewinnen."³ Über diese etwas dunkle Formulierung könnten wir noch lange philosophieren. Zusammen mit dem illustrierenden Beispiel ahnt man, was gemeint ist. Und das mag uns hier genügen.

Anmerkungen

1   Durch das Schweißen verzieht sich der Stahl: Die Nähte müssen deshalb so gesetzt werden, daß sich die Verziehungen gegenseitig aufheben.
2   *Bauwelt* 1959, Heft 11
3   *Bauwelt* 1960, Heft 27

Bildlegenden

1   K. F. Schinkel: Runder Tisch in Ahorn mit dunklen Einlagen, in: J. Sievers, *K. F. Schinkel – Die Möbel*, Berlin 1950
2   „Nierentisch", graphisch freigestellt nach einem Foto, in: Cara Greenberg: *Mid-Century-Modern Furniture of the 1950s*, New York 1984
3   Erich Mendelsohn: Einsteinturm auf dem Telegraphenberg, Potsdam 1920–1921, in: Jan Gympel, *Geschichte der Architektur – Von der Antike bis heute*, Köln 1996
4   Erich Mendelsohn: Einsteinturm, Skizze, in: Leonardo Benevolo, *Geschichte der Architektur des 19. und 20. Jahrhunderts*, München 1964
5   Hugo Häring: Hausentwurf für die Werkbundausstellung am Kochenhof, Stuttgart 1933, Grundriß und Schnitt des Typs S 9, in: Jürgen Joedicke, Heinrich Lauterbach, *Hugo Häring, Schriften, Entwürfe, Bauten*, Stuttgart 1965
6   Neue Nationalgalerie, Berlin, in: Werner Blaser, *Mies van der Rohe*, Zürich 1991
7   Neue Philharmonie Berlin, Foyer, in: Peter Pfankuch (Hg.): *Hans Scharoun, Bauten, Entwürfe, Texte*, Berlin 1993
8   Aldo Rossi: Teatro del mondo a Venezia 1979, Aufrisse, in: Aldo Rossi: *Teatro del mondo*, Venezia 1982
9   Teatro del mondo und Punta della Dogana in: Rossi, ebd.
10 Archizoom Associati (Andrea Branzi), Non-Stop City, 1969-1972, in: *dX documenta X Kurzführer*, Kassel 1997
11 Piranesi: Der Tempel der Minerva, in: Giambattista Piranesi, *Die frühen Ansichtenwerke*, Unterschneidheim 1974
12–13 Safranbolu Evleri, *Reha Olusumu Kültür Bakanligi*, Ankara 1989
14–18 Hugo Häring: Haus Werner Schmitz, Entwurf und Ausführung 1950, in Jürgen Joedicke, Heinrich Lauterbach, *Hugo Häring, Schriften, Entwürfe, Bauten*, Stuttgart 1965

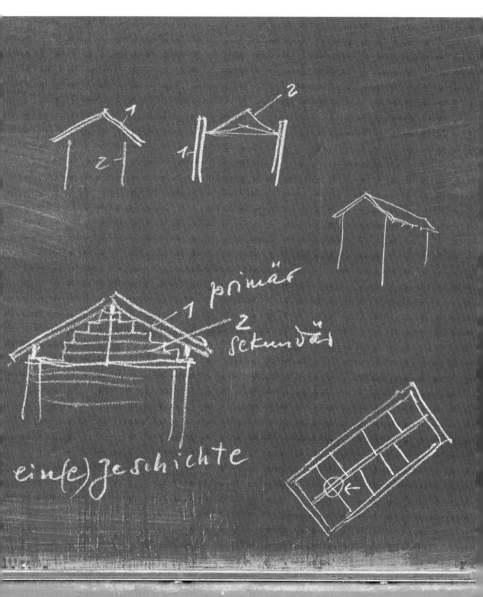

oder: aber nicht:

strukturelle
polenz

2 Über die beiden klassischen Hausformen

Wir haben in der ersten Lektion eine Erklärung für das gesucht, was wir eigentlich immer schon wußten: daß nämlich (steinerne) Gebäude viereckig sind und lotrechte Wände haben. Und wir haben gesehen, daß sie, auch wenn sie vielleicht quadratisch sind, dennoch eine „lange" Seite und eine „kurze" Seite haben, wobei die lange Seite in Trauf- und Firstrichtung liegt und die kurze in der Richtung des Giebels bzw. des „Ortgangs". Wir wollen uns nun eine Weile mit diesem klassischen Haus und seinen Regeln befassen. Es hat nämlich noch lange nicht ausgedient. Auch wenn ein Gebäude mit einem Flachdach gedeckt ist und Betondecken hat, folgt es doch den Regeln dieses klassischen Hauses.

2.1 Das Dach als bestimmende Form

Wie sehr die horizontalen Teile, die Balkenlagen und vor allem das Dach mit seiner zusätzlichen Bedingung, das Regenwasser nach außen ableiten zu müssen, den Grundriß *bestimmen*, habe ich bereits erläutert. Dies gilt umsomehr, wenn die Decken darunter durch Tonnen und/oder Kreuzgewölbe gebildet werden, die ihre Lasten auf Säulen und Pfeiler ableiten. Weil es hier aber nicht um Baugeschichte geht, und Wölbtechniken heute bei uns wegen des hohen Lohnkostenanteils nicht mehr sinnvoll sind, beschränke ich mich hier auf die klassischen Walm- und Satteldächer. Diese Figur, das oben aufliegende und überstehende Dach, das den gemauerten Baukörper darunter *bestimmt*, müssen wir nun vertiefen. Das Irritierende in diesem Zusammenhang ist ja, daß das Dach ganz am Schluß auf das Gebäude gesetzt wird, zuvor aber das Gebäude schon ganz in seiner viereckigen Form *bestimmt* hat. Es ist bereits als unsichtbare Instanz da, wenn noch die Mauern hochwachsen. Ja, wir können uns diesen Zusammenhang einfach so vorstellen, daß das Dach als erstes kommt und schon da ist, wenn die Maurer das Haus hochziehen, von mir aus an den unter Bauarbeitern bekannten „Siemens-Lufthaken" hän-

gend. Tatsächlich werden die Mauern ja auch erst *nach* dem Richten des Daches fertiggemauert, „abgeglichen", – es sei denn, der ganze Dachstuhl bleibt eine eigene Figur, die tatsächlich oben auf den horizontal abgeschlossenen Wänden liegt. In der Regel aber wird das Mauerwerk, jedenfalls dasjenige des Giebels, oben mit den Sparren fertig „abgeglichen". Das Dach ist hier also vorher da und begrenzt in seiner Geometrie das aufgehende Mauerwerk. Bei den Balkenlagen der Decken ist dies anders. Hier begrenzen die Mauern die eingelegten Balken, die auf das lichte Raummaß abgelängt werden. Wir begegnen hier einem Aspekt, der kompositorisch wichtig ist: *Es gibt so etwas wie eine sinnvolle Abfolge, eine „Geschichte" mit aufeinanderfolgenden Handlungen*: Vielleicht sollten wir hier besser von einem „Geschichte" sprechen.

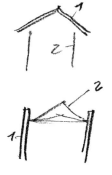

Denn der Bau „schichtet" sich in bestimmten Schrittfolgen: wie man sieht, kompositorisch nicht immer von unten nach oben, sondern hier von oben, vom Dach her, nach unten. Wir sagen dann, das Dach *bestimmt die Wände* oder: Das Dach ist hier die *Primärform*, der gemauerte Kubus darunter die *Sekundärform*. Dabei ist es meist so, daß die Primärform sperriger, geordneter, regelmäßiger ist und meist auch schwerer als die Sekundärform, die sich ihr anschmiegt. Das Dach ist jedenfalls in seiner Form weniger „beweglich" als die Mauern. Wir können auch sagen, es hat einen höheren Grad an *Redundanz* bzw. weniger *Freiheitsgrade*. Aber auf diesen Aspekt werde ich später noch näher zu sprechen kommen.

Hier gilt es zunächst, diesen merkwürdigen Gegensatz festzuhalten, daß nämlich ein gemauertes Haus mit oben deutlich überstehendem *Dach* immer von diesem bestimmt wird und umgekehrt: daß bei einem Haus mit oben überstehenden *Mauern* das Dach von den Mauern bestimmt wird. Besonders deutlich wird das, wenn das Dach identisch mit den Decken ist und obendrein keine sperrige Balkenlage, sondern eine etwas flexiblere Betonplatte, also eine oben abgedichtete Flachdachwanne besitzt: In diesem historischen Moment, als Stahlbeton und Teerpappe erfunden sind, lösen sich die Grundriße aus ihrer vom Dach bestimmten Viereckigkeit und werden geschmeidig – in diesem historischen Moment wird in Chicago die Losung *„form follows function"* ausgegeben. Der den betrieblichen Funktionen angeschmiegte Grundriß bestimmt jetzt die Decken und das Dach wie etwa bei dem Hausentwurf von Hugo Häring (1). Die Mauern werden nicht mehr durch das (überstehende) Dach begrenzt, vielmehr das Dach durch die überstehenden Mauern. Jetzt kann man – endlich – auch das Haus als echten *Kubus* bauen mit einem oben offenen Attikageschoß. Die klassische Moderne ist deshalb, wie später einer ihrer Pioniere, Martin Wagner, sarkastisch festgestellt hat, eine Folge der Erfindung der Dachpappe gewesen.

2.2 Der additive Grundriß: Über „strukturelle Potenz"

Wir bleiben aber zunächst bei der klassischen Figur, bei dem, was ich *Dachhaus* nenne. Ich möchte, daß Sie die architektonischen Möglichkeiten und Bedingungen dieser einfachen Figur besser begreifen. Wir werden dabei einen Aspekt kennenlernen, der für die architektonische Komposition wichtig ist: die *Struktur*. Wir fragen uns: Was *kann* eine Figur, welche Möglichkeiten stecken in ihr? Denn diese Möglichkeiten werden durch das Verhältnis der verschiedenen Elemente zueinander bestimmt. Eine bestimmte Konfiguration von Teilen läßt nur bestimmte Bewegungen zu. Ein Rolladen zum Beispiel kann sich nur in einer Richtung krümmen, nicht in der anderen, weil die Elemente, die einzelnen Stäbe, sich nur

1

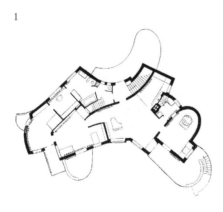

parallel zueinander und nur in ganz geringem Maße gegeneinander drehen können. Bestimmte Dachdeckungen lassen sich windschief verdrehen, aber nicht strecken und auch nicht krümmen. *Als Entwerfer testen wir eine Konfiguration durch ständige Verwandlung.* Wir setzen sie sozusagen in Bewegung und prüfen, wie sie sich verhält: ob sie nachgibt oder sich sperrt. Wir sagen: wir prüfen ihre *strukturelle Potenz*. Wir spielen mit ihr und probieren alle ihre Möglichkeiten aus. Wichtig ist, daß wir diese Möglichkeiten nicht aus dem Blick verlieren und nicht versehentlich eine Starrheit einführen, wo eigentlich Elastizität möglich ist. Zum Beispiel ist die Lage der Sparren gegenüber den Stützen unter den Pfetten ganz frei. Dann sollten wir diese Freiheit auch im Blick behalten und nicht unnötig Stützen und Sparren aufeinander beziehen. Überhaupt sind diese Stützen und Sparren in ihrer Lage meist nur vom Rähm oder von der Pfette bestimmt, unter welcher sie stehen, und selbstverständlich von der maximal möglichen Spannweite. Sie können sich also auf dieser „Schiene" bewegen und müssen einander auch nicht in genau gleichem Abstand oder in einem Raster gegenüberstehen. Wenn es aber so ist, dann sollten wir beim Entwerfen diese Freiheitsgrade auch in der Zeichnung oder auf dem Bildschirm festhalten, damit wir sie im Blick behalten! Bildhaft ausgedrückt: Wenn eine Struktur weich und beweglich ist, sollten wir sie auch weich und beweglich darstellen und sie nicht in eine ihr nicht gemäße Starrheit versetzen, die nur aus dem Ordnungssinn unserer linken Gehirnhälfte und ihrer geringen Vorstellungskraft herrührt. Wir belassen also lieber alles in derjenigen Beweglichkeit, die möglich ist. Wenn zwei Raumtrennwände diesseits und jenseits einer durchlaufenden Mittelwand einander

gegenüberstehen, so daß sie anscheinend *eine* Wand werden, die die Mittelwand kreuzt, dann sollten wir dieses Kreuz brechen, damit der Zufall hier nicht eine ungewollte Ordnung einbringt, die der potentiellen Beweglichkeit der Struktur nicht entspricht. Sonst spielt diese eine Wand eine ungewollte Sonderrolle – und die lockere Struktur klemmt an dieser Stelle.

Wir haben schon gesehen, daß das Dachhaus seiner *Struktur* nach viereckig sein will, daß es, wenn das Dach nicht abgewalmt ist, eine „lange" Traufseite und eine „kurze" Giebelseite hat. Beobachten wir, was passiert, wenn wir diese Figur bestimmten Formansprüchen aussetzen: Können wir sie beliebig in die Breite ziehen? Nein, dagegen sperrt sie sich. Das Dach überspannt nur etwa 12 m. Danach müßten wir Seitenschiffe anfügen. Anders ist es mit der Längenentwicklung. Ihr setzt die Figur keinen Widerstand ent-

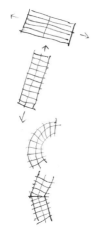

gegen, sofern die Längswände stabil stehen. Andernfalls muß hier nach einer bestimmten Längendehnung eine Querwand eingefügt werden. Läßt sich diese lange Figur auch krümmen? Nein, nur knicken. Die längslaufenden Pfetten lassen sich nicht krümmen, die Dachdeckung mit Dachpfannen zum Beispiel läßt es womöglich auch nur begrenzt zu. Die Deckung mit Mönch und Nonne oder gar mit Schindeln ist da schon sehr viel elastischer. Läßt sich die Figur wenigstens an einer Stelle verbreitern? Dies geht, indem wir beiderseits in Querrichtung „Dachhäuser" ansetzen und eine *Vierung* bilden: einen quadratischen Raum, an dem sich zwei Schiffe kreuzen. Kann man ein Dachhaus in der Höhe dehnen? Nur bedingt: indem wir die Firstpfette ansteigen lassen. Die Traufen weichen dann entsprechend auseinander, und die Sparren werden somit immer länger, was dieser Dehnung Grenzen setzt. (Eine Variante wäre die mit waagerechter Firstpfette und geneigten Traufen. Auch hier wäre der Grundriß ein Trapez). Diese Breiten- und Höhendehnung ist jedoch unüblich und kommt historisch so gut wie nie vor. Das Übliche bei einer Höhensteigerung ist die Abtreppung mit gestaffelten, hintereinander gestuften Giebeln, eine Figur, die wir etwa bei Pagoden und Klöstern in Siam (2) bestau-

2/3

nen können. Ein modernes Beispiel ist die Fabrikhalle von Hans Poelzig in Guben (3). Außer in der Längsrichtung „bewegt" sich das Dachhaus nur, wie wir sehen, additiv und in Stufen, indem es Seiten- oder Querschiffe ansetzt oder Dächer staffelt. Die einzelnen Dächer aber sind immer ganze Rechtecke, ungeachtet der Grundrißfigur unter ihnen. Springt diese plötzlich vor, wird das Dach darüber in der Regel nicht abgeschleppt, sondern ein neues Querschiff mit eigenem Giebel ausgebildet. Selbstverständlich gibt es in manchen Gegenden auch wetterseitig abgeschleppte Dächer, wenn dieser Querschnitt einen Sinn macht. Niemals aber folgt das Dach irgendwelchen kleinen Erkern oder Nischen des Grundrisses. Von denen „weiß es noch nichts", denn es ist in diesem Sinne ja wie gesagt „vorher" da: ein umgekehrtes Schiff, gerade und makellos. Diesen Vergleich sollten Sie ernst nehmen: Das Satteldach *ist ein umgekehrtes Schiff*. So eine Figur verträgt keine kleinen Einschnitte und Kapriolen in seine Grundform. Ich zeige hier einen Dachstuhl der wunderschönen Kirche *Santa Maria del Rosario* aus der zweiten Hälfte des 18. Jahrhunderts in Havanna, in Kuba (4/5). Diese Form, die man auch in Andalusien antrifft, und die in der Kolonialarchitektur der Karibik verbreitet und wohl von Schiffzimmerleuten entwickelt worden ist, zeigt eine fast wörtliche Anwendung des Bildes vom umgekehrten Schiff.

Versetzen wir uns einmal in die Lage unserer „Ahnen-Architekten", die ohne Flachdachabdichtung, Bleche und Dachverglasungen auskommen

4/5

 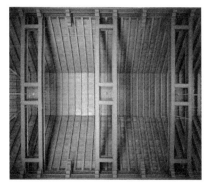

mußten und ganz auf eine gut geschuppte Dachdeckung aus Ziegelpfannen angewiesen waren: Entwerfen hieß, eine Addition von Dächern (und Gewölben) zu erzeugen, die der Lage, der Tradition und den betrieblichen Anforderungen gerecht wurde. Wir werden später noch ein Beispiel solcher „Entwurfsarbeit" kennenlernen, wie sie heute beispielsweise in entlegenen Gegenden des Himalaya noch vorkommt. Aber auch noch die ersten Fabriken, Schlachthöfe und Bahnhöfe sind so entworfen: Dachkombinationen, die nirgends Wassersäcke entstehen ließen, die inneren Dächer höher als die äußeren. War es umgekehrt, sollte etwa ein Turm mehr an der Seite stehen, mußte er seitlich neben dem Langhaus stehen, als unabhängiger Campanile. Oder es mußte erst ein Querhaus gebildet werden, aus dem er seitlich, dann oft mit einem Zwillingsturm, herauswachsen konnte (6). So sehen wir dieses Bauen additiv vorgehen, Dach an Dach reihen, hintereinander, übereinander, nebeneinander. Auch noch zu Beginn des 19. Jahrhunderts, als die Landflucht einsetzte und die europäischen Städte in wenigen Jahrzehnten von Kleinstädten zu Millionenstädten wuchsen, stand man den vielen neuen Bauaufgaben und diesem ganzen ungeheuren Bauvolumen noch mit dieser alten Dachhaus-Technik gegenüber: immer nur Additionen von Dachhäusern. Und noch dazu mußte man sehen, daß diese ganze neue „Stadt-Fabrik" für ihre zugereisten Exilanten noch einigermaßen begreifbar und wohnlich blieb. Wir haben den Historismus voreingenommen zu lange mit den Augen der Modernen gesehen: Paxtons Kristallpalast ausgenommen, ließen wir kein gutes Haar an ihm. Dabei ist diese ganze Zeit durchdrungen von der Paxtonschen Methode. Nur konnte man die Schlachthöfe, die Straf- und Irrenanstalten, die Krankenhäuser und Verwaltungen nicht in Glashäusern unterbringen. Aber Rationalisierung und Vorfertigung gab es damals überall. Nur noch keinen Gußbeton und keine Dachpappe. Man mußte das alles noch allein mit „Dachhäusern" bewältigen.

6

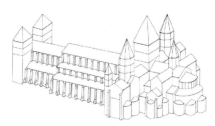

Seit 1823 gab es dafür wenigstens eine Mustersammlung. Der *Durand*, ein Standardwerk der damaligen Zeit, faßte das Bauen vor der sogenannten Moderne auf vielen großen Bildtafeln zusammen (7). Noch heute prägt es das Bild unserer Innenstädte. Zugegeben, der Historismus kann uns nicht begeistern. Zuviel falsches (und vorgefertigtes) Pathos, zuviel Verkleidung und Theater. Aber das ist wohl auch der unvermeidliche Ausdruck dieses immensen und rigorosen Auf- und Umbaus: Soviel Entwurzelung, so viel Entweihung und Ernüchterung, so viel Ungerechtigkeit und Entfremdung ließ sich nicht ohne die Attrappen der „guten alten Zeit", ohne vorgetäuschte Altehrwürdigkeit ins Werk setzen. Ein buchstäblich irrsinniges Jahrhundert. Aber wir betreiben hier keine Baugeschichte, eigentlich geht es ja nur um „Dachhäuser". Und im *Durand* kann man auf vielen Bildtafeln sehen, wie man aus Dachhäusern alle möglichen Gebäude zusammensetzen kann …

7

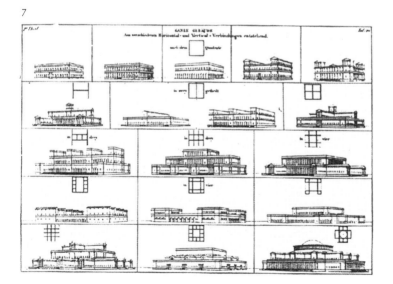

2.3 Das Attikahaus und seine Fassade

Betrachten wir zum Schluß, um der Klarheit willen, das Gegenstück zum Dachhaus: das Attikahaus. Auch dieser Haustyp hat selbstverständlich ein Dach, aber es ist nicht der bestimmende Teil, tritt manchmal hinter das aufgehende Mauerwerk – eben hinter die Attika – zurück, so daß wir vergleichsweise klotzige Hausvolumen vor uns haben, die wie gemauerte Würfel erscheinen. Hier bestimmen die oft sogar gekrümmten oder schiefen Mauern das Dach, das sich ihnen „irgendwie" anpaßt und oft nur aus der Vogelperspektive zu sehen ist. Bei diesen Häusern ist die Außenwand das bestimmende Teil, sie tritt ganz nach vorne ins Licht. Betrachten wir ein berühmtes Beispiel eines solchen Hauswürfels: die Casa Malaparte auf Capri, ein Entwurf des Schriftstellers Curzio Malaparte, umgesetzt von dem Architekten Adalberto Libera. Hier ist der Kubus zu einer großen Treppe mit Terrasse geformt (8–10) – ein Beispiel für etwas, das wir noch als „Großform" kennenlernen werden. Das Attikahaus ist ein Kubus, ein skulpturaler Körper, dessen Bewegungen sich – wie in diesen bekannten Beispiel – sehr deutlich mitteilen. Übrigens ist die erkennbare Attika bei dieser Villa sehr reduziert, so daß der Kubus um so deutlicher wird (9). Eine solche Ausbildung der Dachkante ist – jedenfalls mit den klas-

8/9

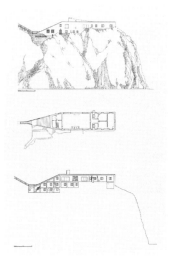

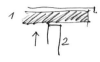

oder:

aber nicht:

sischen Mitteln des Bauens – sehr heikel: Der Übergang von der Dachfläche in die Wand kann nicht nur ein Knick sein, es sei denn, das ganze Haus wird von einem (geknickten) Dach gebildet. Da der Hauskörper hier nicht von einem Dach „bestimmt" wird, sondern unverschattet die eigentliche Figur bildet, hat die Fassade hier eine viel größere Bedeutung als beim „Dachhaus". Wir werfen deshalb einen kurzen Blick auf dieses große Thema, um eine erste Vorstellung davon zu erhalten, wie man eine Fassade entwerfen kann.

Zunächst einmal: Haben wir ein Attikahaus, also eines, bei dem die Mauern das Dach „bestimmen", so können die Mauern eben fast nur – wie bei der Villa Malaparte – Wände mit Fensteröffnungen sein, mit Löchern also. Wir sprechen dann von Lochfassaden. Manche Architekten finden solche Lochfassaden zu banal und fangen dann an, irgendwelche großen Fensterschlitze (etwa vor dem Treppenhaus) und ähnliche „Auflockerungen" in die Wände zu zeichnen, deren Zusammenhalt sie damit aber empfindlich stören. Plötzlich zerfällt

10

das Haus anscheinend in zwei Körper oder in fast selbständige Wandscheiben, aber oben „schleicht" sich das Dach von einem zum anderen Teil hinüber, hinter der Attika, die jetzt allein beide Körper noch zusammenhält. Die Attika muß dann wenigstens stark genug sein, um das Dach auffangen und die Dachwanne bilden zu können. Dieser obere Bereich der Fassade ist deshalb logischerweise am empfindlichsten gegenüber solchen Störungen. Die Öffnungen sind auch aus diesem Grund bei solchen Häusern oben kleiner als in der übrigen Fassade. Doch es gibt dafür noch einen anderen, ästhetischen Grund. Da die Mauern nicht „im Schatten" eines sie bestimmenden Daches stehen, das den Abschluß bildet, muß die Fassade sich gleichsam selbst nach oben hin begrenzen: Die Kontraste und Asymmetrien der Fassade in den Hauptgeschossen werden deshalb im Bereich des Obergeschosses und der Attika zur Ruhe und das Ganze zum Halten gebracht.

Ausnahmen von dieser Regel sind immer sehr auffällig und haben häufig auch diesen Zweck: Öffnungen in einem solchen Attikageschoß, asymmetrisch gesetzt, bringen ein hohes Maß an Unruhe. Ich nenne sie deshalb „Winker" – es ist der Gestus einer winkenden Hand. Darunter aber, in den Hauptgeschossen, werden die Fenster in regelmäßigen Reihen angeordnet. Wenn vom Lichtbedarf der Räume dahinter nichts dagegen spricht, sind sie alle gleich groß und sitzen übereinander. Erst das unterste Geschoß stellt besondere Ansprüche: Hier sind Türen und Tore oder Ladenfenster, hier muß die Oberfläche der Fassade mechanischen Beanspruchungen widerstehen. Deshalb ist dieses Geschoß zuweilen als *Sockel* ausgebildet, mit einer abweisenden Wand aus vorspringenden Natursteinen (Rustica) gesichert und bildet einen unteren Abschluß der Fassade, die somit aus drei Schichten besteht: einem ein- oder zweigeschossigen Sockel, einem vielgeschossigen Mittelstück und einem eingeschossigen oberen Attikageschoß wie beim Rathaus des Elias Holl in Augsburg (11). Man hat diesen Aufbau darum oft mit der griechischen Säule und ihren drei Schichten – Basis, Schaft und Kapitell – oder mit dem griechischen Tempel und seinen drei Schichten verglichen: Sockel, Säulen, Architrav. Es gibt viele klassische Beispiele, bei denen der mittlere Bereich tatsächlich durch Säulen (als Halbsäulen) zwischen Sockel und Attika gegliedert wird, die über zwei Hauptgeschosse reichen. Dieses Zusammenfassen der Geschosse, die sogenannte „Kolossalordnung", war eine Erfindung der Renaissance und unter Bauleuten lange umstritten. Schon damals gab es ja Diskussionen über Echtheit und Wahrheit: Säulen müßten schließlich tragen und nicht einfach appliziert sein. Zuweilen werden die drei Zonen deutlich durch

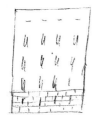

Gesimse getrennt. Dabei spielen die Proportionen eine wichtige Rolle. Im Allgemeinen aber hat eine Fassade, die so gegliedert ist, etwas Selbstverständliches. Und sofern wir es mit einem solchen Hausentwurf zu tun haben, einem, der noch „gebaut" und noch nicht „gegossen" wird, tun wir gut daran, hier keine unnötigen Komplikationen zu veranstalten, nur weil die Fensterlöcher uns langweilig erscheinen. Ein Problem ist eher, daß – jedenfalls bei Wohnhäusern im nördlicheren Europa – sehr viele Fenster nötig sind, und die Mauern unversehens zu Pfeilerreihen werden. Das nimmt solchen Attikahäusern viel von ihrer Kraft. Und die liegt allein in ihrer Körperhaftigkeit und in der Art, wie sie dastehen.

Analog zur klassischen Musik gibt es also in der Komposition der Fassade eine Konvention, die eine einzelne Fassade erst in ihrer Besonderheit verständlich und erkennbar macht, vergleichbar der Regelung mit den drei Sätzen eines Konzerts. Nehmen wir nur als Beispiel die Fassade der Villa Snellmann von Gunnar Asplund (12/13). In Schweden sagt man mit liebevollem Spott: Bei Asplunds Häusern sind die Kellerfenster immer unterm Dach. Auch bei der Snellmann-Villa ist das so. Obwohl es sich um ein „Dachhaus" handelt, gibt es doch so etwas wie die klassische Attika – wobei eines dieser rhythmisch gesetzten Fenster eine andere

Form hat. Dahinter befindet sich die bis ins Dach gehende, runde Bibliothek. Der von dieser Attika-Reihe vorgegebene Rhythmus wird aber nun unten nicht korrekt befolgt: die Fenster laufen dort aus dem Takt. Das stärkt die Wand, die dadurch nicht in eine Pfeilerreihe zerfällt. Und dennoch hat die Fassade etwas Rätselhaftes. Asplund war vorher in Italien gewesen und muß dort wohl diese Möglichkeit entdeckt haben, mit solchen Unregelmäßigkeiten Spannung in eine Fassade zu bringen. Diese Unregelmäßigkeit bringt die Fensteröffnungen in eine leichte Bewegung und vermeidet unnötige Strenge. Sehen wir uns die Snellmann-Fassade an, wie sie ohne diese Unkorrektheit aussähe (14 a): Welch ein Unterschied! Jetzt ist sie ganz streng und ohne Bewegung. Erstaunlich, daß man auch mit einer Fassade *lächeln* kann! (14 b)

Selbstverständlich ist mit diesen wenigen Bemerkungen über das große Thema Fassade nur wenig gesagt, nichts über die Materialität, nichts über die Innen-Außen-Beziehung, nichts über die Rolle der Symmetrie, über Proportionen und sogenannte „Maßregler". Aber wir haben einen ersten Aspekt kennengelernt, der uns helfen kann, selbst damit zu experimentieren und so erste Erfahrungen zu sammeln.

12/13/14 a/b (unten)

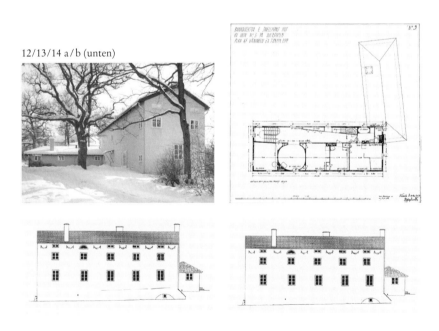

Bildlegenden

1   Hugo Häring: Entwurf für ein Landhaus, Erdgeschoß, 1923, in: Jürgen Joedicke, Heinrich Lauterbach, *Hugo Häring, Schriften, Entwürfe, Bauten*, Stuttgart 1965
2   Dachgiebel am Kaiserpalast in Bangkok, Foto: Autor
3   Hans Poelzig: Chemische Fabrik Luban 1911–1912, in: Julius Posener, *Hans Poelzig, Sein Leben, sein Werk*, Braunschweig/Wiesbaden 1994
4–5   Kirche von Santa María del Rosario, in: Joaquín E. Weiss, *La Arquitectura Colonial Cubana, Siglos XVI al XIX*, Havanna/Sevilla 1996
6   Schematische Rekonstruktion einer romanischen Kirche (Cluny), in: Hans Koepf, *Baukunst in fünf Jahrtausenden*, Stuttgart/Berlin/Köln 1997
7   Tafel, in: J. L. N. Durand, Précis des leçons données à l'école royale polytechnique, Paris 1823, in: Leonardo Benevolo, *Geschichte der Architektur des 19. und 20. Jahrhunderts*, München 1964
8–10   Villa Malaparte, in: Marida Talamona, *Casa Malaparte*, New York 1992
11   Elias Holl: Das Rathaus von Augsburg 1615–1620, in: Hans Koepf, Baukunst ...
12–13   Gunnar Asplund: Villa Snellmann, Djursholm 1917–1918, in: *Asplund*, Stockholm Arkitektur Förlag 1985
14 a/b vgl. Abb. 12–13, Südansicht, a vom Autor verändert

3

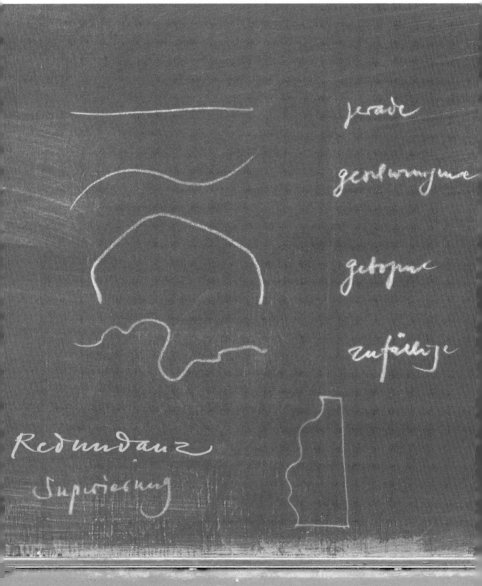

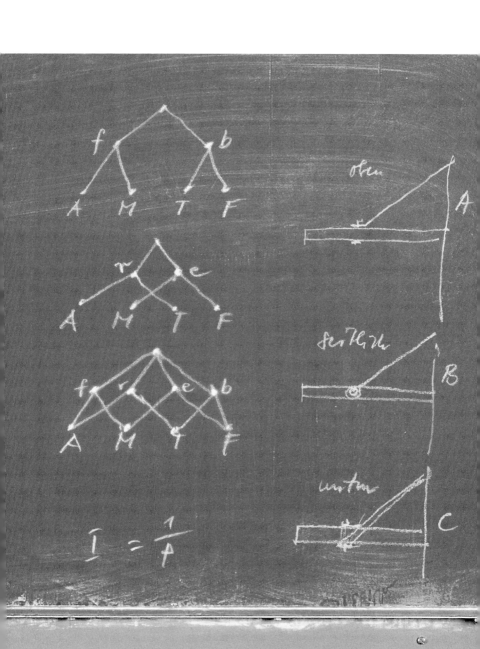

3 Über die Wahrnehmung von Architektur

Wir haben uns dem Thema bisher in eher anschaulichen Begriffen genähert, um erst einmal zu verstehen, was wohl mit „Architektur als Komposition" gemeint sein könnte. Wir müssen uns jetzt mit etwas Theorie beschäftigen, um besser zu begreifen, was eigentlich vor sich geht, wenn Architektur „spricht". Und dazu ist ein Ausflug in die Informationstheorie – und die bildende Kunst – sehr nützlich. Für die Informationstheoretiker ist einer der Schlüsselbegriffe die *Wahrscheinlichkeit p* oder ihres Gegenteils, kurz: Der Informationsgehalt I irgendeiner Wahrnehmung oder Nachricht wird rechnerisch ausgedrückt als I = 1 : p, also gleich dem Reziprok der Wahrscheinlichkeit für das Auftreten einer Nachricht. Je geringer die Wahrscheinlichkeit, desto größer ist ihr Nachrichtengehalt, ihre „Neuigkeit". Deshalb hat das Thema viel mit Sensationen, Katastrophen und Chaos zu tun; denn soweit unsere Umgebung monoton und geordnet ist, enthält sie wenig „Neues". Alles entspricht unserem Vor-Urteil, unserem Apriori-Wissen. Alles ist an seinem Platz und so, wie wir es erwartet haben. Tatsächlich können wir nur einigermaßen stressfrei unsere Umwelt ertragen, wenn alles relativ wahrscheinlich und geordnet

$$I = \frac{1}{p}$$

1

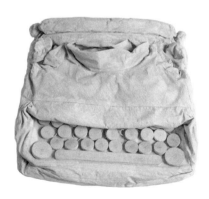

Redundanz ist. Ja, wir können aufgrund dieses Vorwissens über die Welt auch fehlende Information mühelos ergänzen.

Wie bei einem Text, in dem ein Stück fehlt: wir wissen schon, welches Wort jeweils „auftreten" müßte. Diesen Anteil Vorinformation über sich selbst, der in einer Nachricht oder Wahrnehmung steckt, nennt man auch ihre *Redundanz*.

Sehen wir uns eine Arbeit des Künstlers Claes Oldenburg an. Titel: Schreibmaschine (1). Sie irritiert unseren Wahrnehmungsapparat, indem sie wichtige Assoziationen oder Vor-Urteile, die mit diesem Gegenstand verbunden sind, gerade durch das unerwartete Gegenteil ersetzt. Eine Schreibmaschine ist hart und klappert beim Bedienen der Tasten. Oldenburgs Schreibmaschine ist aus Filz und die Tasten sind nur Knöpfe an einem Kissen oder hängen – in einer anderen Arbeit Oldenburgs – an weichen Wollfäden aus ihr heraus. Diese Verringerung der Redundanz macht die Schreibmaschine „unwahrscheinlich", und wir nehmen so wahr, wie stark wir uns beim Betrachten auf bestimmte Vor-Urteile verlassen. Wenn Möbel so aussehen wie der abgebildete Stuhl von Gerrit Rietveld (2), wird das Sitzen zum Stress. „Ein Stuhl ist ein Stuhl ist ein Stuhl": Man muß nicht erst fragen. Man kann sich draufsetzen. Und wenn man die Tasten einer Schreibmaschine bedient, schlagen die Buchstaben an – vor der Epoche der PCs noch in den achtziger Jahren ein vertrautes Geräusch. Wir sind Gewohnheitstiere. Wir wissen, was ein Fenster ist und was eine Tür. Wir wissen, daß Wasser kommt, wenn man einen Hahn aufdreht, und käme statt dessen Schlagsahne, wüßten wir, daß wir in die beliebte TV-Sen-

2

dung „Verstehen Sie Spaß" geraten sind. Unsere Welt ist weitgehend vorstrukturiert, *redundant*, und deshalb angstfrei zu gebrauchen. Man kann den Hahn ruhig aufdrehen, es kommt Wasser und keine Schlagsahne. Solche Redundanz hat in der wahrgenommenen Welt, die uns hier interessiert, drei Seiten: eine geometrische, eine organisatorische und eine assoziative. Alle drei spielen eine wichtige Rolle in der Architektur.

3.1 Geometrische Wahrnehmung

a)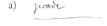

b)

c)

d)

e)

Die erste Art von Redundanz betrifft die Komplexität des Bildes auf unserer Netzhaut. Je gleichförmiger die Figur, desto redundanter.[1] Die *Gerade* (a) hier in der Kreidezeichnung ist redundanter als die *Geschwungene* (b), die Geschwungene redundanter als die *Gebogene* (c), die Gebogene redundanter als die *Zufällige* (d). Wir lesen die Figuren in dieser Reihenfolge. Wir tasten uns an den redundanten Bildteilen entlang zu den weniger redundanten. Betrachtet man nun die Architektur als Ordnung im naturwüchsigen, „wilden" Umfeld, so ist klar, daß große Gerade diese Redundanz am ehesten herstellen, während die Zufälligen dazu am wenigsten geeignet sind. Formt man aus beiden Linienarten eine Figur, entsteht ein spannungsvoller Kontrast zwischen der redundanten Grundform und der „wilden Form", die umso dramatischer hervortritt (e). Gegenüber der redundanten Form wirkt sie als Verletzung, als eine Art dramatischer Unfall, so als sei der Blitz in die ruhige Ausgangsform gefahren. Man kann sich das an entsprechenden Zeichnungen klarmachen, und man wird sehen, daß die weniger redundante Zufällige nachrangig ist: Sie wird von den Geraden *bestimmt*. Das heißt aber nicht, daß sie in der Wirkung unwesentlich ist. Im Gegenteil: sie ist das Ereignis in der redundanten Umgebung der ordnenden Geraden.

Jeder Bilderrahmen spielt übrigens diese Rolle: als Einstiegshilfe. Seine redundante Form hebt das Ereignis des Bildes hervor, begrenzt es zugleich aber auch. Man spricht bei diesem Vorgehen der Entschlüsselung zuerst des geordneten und dann des weniger geordneten Materials in der Semio-

tik auch von der *Superierung zu Superzeichen.* So gesehen setzt ein Bilderrahmen das geometrische (und assoziative) Superzeichen „Bild", dessen Inhalt wiederum
andere Superzeichen enthält und so weiter. Der Prozeß des Bild-Malens
wie auch der des Bild-Betrachtens fängt bei den Redundanten, sozusagen beim Plakat an. Die großen Geraden kommen zuerst. Das war ja das
Neue an den Landschaftsbildern Cézannes, daß er diese großen Linien in
das ungeordnete Bild brachte, die Einzelheiten in einen übergeordneten,
superierten Zusammenhang. Man kann sich das in einer kleinen Übung
selbst klarmachen: Versuchen Sie, eine Graphik aus einer Geraden, einer
Geschwungenen, einer Gebogenen und einer „Zufälligen" zu verfertigen.
Le Corbusier, der aus der *Superierung* eine Kompositionsmethode entwickelt hat, auf die wir später noch genauer eingehen, hat ein Möbel gezeichnet, das sie exemplarisch, aber sicher unbewußt, vorführt: seine Schaukel-
Liege (3): gerades Gestell. Darauf die große Geschwungene. Darauf die
athletisch Gebogene. Doch findet sich dieses Programm auch schon lange
vorher in seinen Bildern und Skulpturen. Es ist sozusagen sein Thema. Wir
kommen später noch darauf zurück.

Superzeichen

3

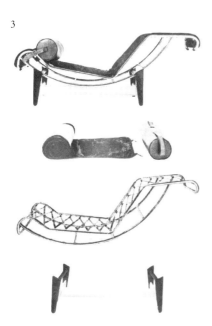

49

Hier geht es mir zunächst nur darum, a) den Wahrnehmungsprozeß zu verstehen, der mit dieser Superierung einhergeht, und b) die vier Arten Linien einzuführen, mit denen wir es in der Architektur zu tun haben. Die Moderne, die sich bekanntlich „abstrakt" mit dem Sichtbaren beschäftigt hat, liefert vielfältige Beispiele für die Auseinandersetzung mit diesen Linien. So kann man in der Architektur etwa für jede der letzten drei Nichtgeraden (und schon deshalb „modernen" Linien) je einen Architekten benennen, der sich mit ihr besonders beschäftigt hat. Die Geschwungene: Mies van der Rohe. Man denke nur an seinen Sessel (4). Die Geschwungene ist voller Eleganz und Noblesse. Und sie ist „sicher". Man kann sie mathematisch einfach beschreiben, als Kreissegment, Sinuskurve, Parabel und so weiter. In Stahl übersetzt, ist dieser Linientyp ein elastisches Flacheisen, eine Blattfeder. Ihre federnde Anmut und Eleganz ist klassizistisch. Ganz anders die Gebogene: Sie ist die Athletin unter den Linien. Man braucht alle Kraft, um sie zum Beispiel aus Rundeisen herzustellen. Bei schärferen Kurven muß der Schlosser sogar mit dem Schweißbrenner Energie zuführen, um die widerspenstige Stahl-Linie zu biegen. Kein Wunder, daß sich der größte „Chauvi" unter den modernen Architekten mit ihr besonders beschäftigte! Wie kein anderer hat er die Kraft der Gebogenen zur Wirkung gebracht. Corbus Gebogene haben es in sich! Noch als Schüler und Corbu-Jünger versuchte ich sie nachzumachen. Seither weiß ich, wie schwer das ist. Und schließlich die Zufällige: eine sanfte Linie fast ohne Eigensinn, sehr passiv zum Beispiel aus dem Schnitt einer ebenen mit einer hügeligen Fläche gebildet wie die Linie eines Pfützenrandes. Oder nur aus dem Hin und Her einer ganz lockeren und fast unkontrollierten Bewegung. Mit ihr, der „Pfützenlinie", hat sich Alvar Aalto sein Leben lang beschäftigt (5). Oder besser mit dem

4/5

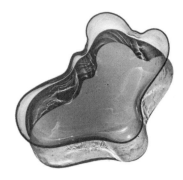

oben schon angesprochenen Gegensatz: Gerade – Zufällige, und natürlich hat man das immer gerne auf die finnische Landschaft, auf die vielen Seen mit ihren Ufern zurückgeführt. Man kann Aaltos Werk daraufhin inspizieren und beobachten, wie er diesen Gegensatz kultiviert und wie er vermeidet, daß in die Zufällige die barocke Kraft einer Gebogenen eindringt: zum Beispiel, indem er gleichsam Sollbruchstellen und Gelenke in den Linienzug einbaut …

3.2 Organisatorische Wahrnehmung

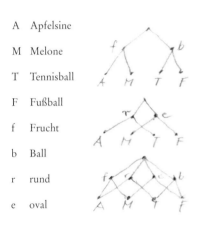

A Apfelsine

M Melone

T Tennisball

F Fußball

f Frucht

b Ball

r rund

e oval

Auf die zweite Art der Wahrnehmung hat erst in den sechziger Jahren der Mathematiker (und spätere Architekt) Christopher Alexander hingewiesen. In einem Aufsatz bat er seine Leser, sich versuchsweise die Gegenstände Football, Melone, Tennisball und Orange zu merken, und fragte dann, wie sie es wohl gemacht hätten: die beiden Sportbälle und die beiden Früchte oder die beiden ovalen und die beiden runden Kugeln? Damit machte er klar, daß wir die Gegenstände um uns herum unbewußt ordnen, und daß dieser Zuordnungsvorgang nach jeweils *verschiedenen* Kategorien und Strategien funktionieren kann. Im mathematischen Sinne gibt es also hier zwei verschiedene Zuordnungsgraphen, die zusammen einen uneindeutigen „Baum" ergeben, einen Baum, dessen Äste zusammengewachsen sind und verschiedenen Stämmen zugeordnet werden können.[1] Solche mehrdeutigen Strukturen oder Graphen, so belehrte Alexander seine Leserschaft, bezeichnete man in der Mathematik als „Gitter" oder „Halbverbände". Und nun warf er den Architekten vor, daß ihre funktionalistischen Stadtentwürfe immer mit eindeutigen Zuordnungen organisiert wären, also „Bäume" – wohingegen die richtige Stadt immer mehrdeutige Superierungen im Sinne von „Gittern" zuließe. Architekten dächten in „Bäumen", lebendige Städte aber seien „Halbverbände". Diesen Aspekt, den Alexander damals sehr stark auf den funktionalistischen Städtebau, auf Stadtentwürfe wie etwa Brasilia bezog, können wir uns auch für unser Thema zunutze machen. Denn alle möglichen Strukturen – bauliche ebenso wie andere, etwa soziale oder biologische – können hoch oder weniger hoch organisiert sein. Immer zeichnen sich die hoch organisierten durch eine baumartige Struktur aus, während schwach organisierte „Gitter" sind. Und jede hoch organisierte Struktur, lehrt uns die Biologie, ist auch hochempfindlich. Denn sie hat *ein* Zentrum, *einen* Kopf, *einen* Stamm. Wenn dieser verletzt ist, fällt das ganze System aus. Die Organisationstheorie unterscheidet Linienorganigramme mit nur *einem* Befehlshaber, *einer* Leitung, bei denen die Befehlsstränge *ein*deutig und linear sind, von vieldeutig organisierten. Auch hier gilt: Fällt bei eindeutig organisierten das Zentrum aus, fällt das ganze System aus. Doch dafür sind sie schlagkräftig und effizient, wenn – und nur wenn – das Organisationsziel klar ist. Geht es aber um Zielfindung und Problemlösung wie etwa in den Forschungsabteilungen von Firmen, sind mehrdeutige Schaltungen kreativer. Wenden wir diesen Aspekt auf Gebäude an, so ist klar, daß es hoch organisierte Gebäude mit eindeutigen Zuordnungen der Gebäudeteile gibt, und solche, die nur sehr schwach und vieldeutig organisiert sind, was sie in die Lage versetzt, auf ungleich mehr Anforderungen reagieren zu können.

Der für die Organisation von Räumen wesentliche Aspekt ist das Wege- oder Erschließungssystem. Hier entstehen die organisatorisch entscheidenden Unterschiede: Gibt es *einen* Haupteingang? Oder gibt es zwei oder gar drei gleichwertige Eingänge? Gibt es eine große, zentrale Halle, von der aus alle großen Korridore abzweigen? Oder besteht das Gebäude aus lauter freistehenden Pavillons, von denen keiner so richtig als Hauptpavillon mit Haupteingang erkennbar ist? Schon bei dem Gegeneinanderhalten solcher verschiedenen Vorstellungen von irgendwelchen Fantasiegebäuden wird deutlich, wie verschiedenartig sie sind, wie sehr der Aspekt der Organisation einen ganzen Entwurf bestimmt. Jeder Film, der die Macht der Bürokratie zeigt, wird Szenen in großen zentralen Treppenhäusern und hallenden Korridoren zeigen!

Gibt es nur ein Ziel, eine Anforderung, einen „Feind", dann ist ein hochorganisiertes System mit eindeutigen Zuordnungen am besten gerüstet. So gesehen ist klar, daß auf einem Schiff oder in einem Flugzeug notfalls immer nur einer das Kommando haben kann. Und ebenso klar ist, daß etwa Gebäude, die nur eine Aufgabe haben: nämlich einen Benutzer möglichst schnell an seinen Zug oder sein Flugzeug zu bringen, eindeutig organisiert sein müssen. Das Erschließungssystem ist klar baumartig gegliedert und darum schnell zu verstehen. Aber je vielseitiger und komplexer die

Aufgaben werden, desto mehrdeutiger muß die Erschließung organisiert sein, wenn sie all diesen Erfordernissen gerecht werden soll. „Hoch organisiert" ist also nicht gleichbedeutend mit „stabil und stark", sondern eher mit „starrsinnig aber zieltreu und übersichtlich". In der Wohn- und Stadtarchitektur ist die Erschließung jedenfalls für meine Begriffe den Angelpunkt aller Überlegungen.[2]

Baumartig organisierte Strukturen erkennt man an zwei Merkmalen: a) Sie haben ein deutliches Zentrum (und sind zuweilen achsensymmetrisch); b) das Territorium, auf das sich dieses Zentrum bezieht, ist deutlich nach außen abgegrenzt. Dies ist auch in der Systemtheorie bekannt: Je höher organisiert ein System, um so deutlicher seine Zentralität und umso sensibler seine Grenze, seine Peripherie. Auf Gebäude angewendet, zeigt sich dies etwa bei absolutistischen Schloßanlagen nicht zufällig darin, daß der Haupteingang als Zentrum der Anlage durch eine große Freitreppe und einen Turm oder eine Kuppel deutlich gekennzeichnet ist, und daß das Territorium deutlich gegen die ungeordnete Umgebung abgegrenzt und mehrfach gesichert ist (6). Barocke Schloßanlagen haben auch architektonisch eine klar ausgebildete, großformatige Grenze. Solche Anlagen können sich nicht vervielfachen, sie können sich nur – imperial – ausdehnen. Gerade in dieser strukturellen Zentralität erweißt sich aber auch die klassische Moderne vielfach als Neobarock, wenngleich ohne Achsensymmetrie. Das Zentrum rückt zwar aus der geometrischen Mitte, aber die Struktur, vor allem die der Erschließung, bleibt zentralistisch und die Gesamtfigur nach außen gut abgegrenzt und in einem zentralistischen Gleichgewicht. Die imperialen Züge dieser Moderne haben wir in vielfachen Facetten im 20. Jahrhundert kennengelernt. „Vertrauen ist gut. Kontrolle ist besser":

6

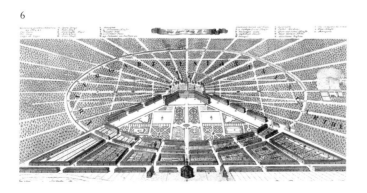

Jeder architektonische Rationalismus, der nicht nur im futuristischen Italien der 1920er Jahre und beim Le Corbusier der 1930er Jahre ja auch eine faschistische Schlagseite hatte, erhebt das Erschließungssystem sozusagen zum Rückgrat seiner Entwürfe. Gewaltige Eingangshallen und große Korridorachsen degradieren die Adressen in diesem Erschließungssystem zu subalternen Amtsstuben. Solche baumartig organisierten Gebäude mit nur einem Eingang nenne ich „Anstalten". Wobei das Ganze auch umgekehrt gilt, bei Gebäuden mit vielen Eingängen aber nur einem Ausgang. Eine solche umgekehrte Anstalt findet sich in Dessau in Gestalt des vom Bauhaus-Direktor Walter Gropius 1926 gezeichneten Arbeitsamtes (7/8). Diese „Anstalt" hat 6 Eingänge, die allerdings nur für je eine bestimmte Gruppe von Arbeitsuchenden bestimmt waren: Links zwei Eingänge für Frauen, die jeweils nach zwei Berufssparten getrennt wurden, die restlichen vier Eingänge für Männer aus den Sparten: Bergbau, Maschinenbau, Handwerk und Höhere Berufe. Durch diese verschiedenen Eingänge führt der Weg durch mehrere Stationen in die zentrale Kassenhalle. Männer müssen dann nach rechts und Frauen nach links abtreten. Ein Gebäude wie aus der beklemmenden Phantasie eines Franz Kafka! Ob sechs Eingänge oder nur einer: wichtig ist dieser baumartige Zentralismus. In funktionalistischen Quartiersplanungen gab es immer nur ein einziges zentrales Einkaufszentrum, obwohl doch ein zweites gut für die Konkurrenz gewesen wäre. Und es gab nur ein Volkshaus, obwohl doch zwei kleinere viel besser gewesen wären. Deshalb: Immer wenn wir beim Entwerfen eine Art Zentrum bilden, unsere Anlage, unser Grundriß, unser Quartier

7/8

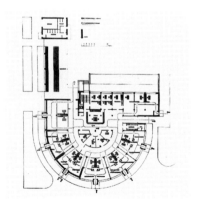

sich um *einen* Punkt herum gliedert, wenn wir nur *eine* Zufahrt zeichnen, *einen* Hauptraum, *eine* zentrale Halle und so weiter, immer dann sollten wir uns darüber im klaren sein, daß wir gerade dabei sind, eine „Anstalt" zu zeichnen.

Dieser Begriff, wie ich ihn hier gebrauche – Anstalt – erinnert Kenner nicht von ungefähr an Michel Foucaults Untersuchungen über Heilanstalten aus der Zeit der französischen Revolution (machines à guérir), an denen er seinen Begriff der „Heterotopie" entwickelt hat. Heterotopien sind keine idealen Orte, wie die Utopien, sondern einfach *andere* Orte, die aus einer willkürlichen oder zufälligen Neuordnung der Begriffe und Zuordnungen entstehen, mit denen sie konzipiert werden. Bei Foucaults in den frühen siebziger Jahren angestellten Untersuchungen geht es also auch – wie bei Christopher Alexander – um den Zusammenhang von begrifflichen Zuordnungen (Klassifizierungen) und räumlicher Organisation. In seiner Arbeit *Les Mots et les choses* (dt. *Die Ordnung der Dinge*) zitiert Foucault gleich am Anfang eine von Jorge Luis Borges erfundene, unglaubliche chinesische Enzyklopädie, in der die Tiere als je einer von 14 Klassen zugehörig dargestellt werden: „a) Tiere, die dem Kaiser gehören, b) ausgestopfte Tiere, c) gezähmte Tiere […], k) mit einem extrem feinen Kamelhaarpinsel gemalte Tiere […], m) Tiere, die soeben den Krug zerbrochen haben […]." Foucault interessiert an den frühen Anstalten, wie klimatische, demographische, statistische, medizinische, hygienische und andere Kategorien in jeweils spezifischer und neuer Kombination der Bildung solcher Heterotopien und darüber hinaus der Ausübung und Verfolgung bestimmter Machtinteressen dienen. Jeweils verschiedene Kombinationen solcher Normierungen bieten vielfältige Möglichkeiten der Überwachung: „In der Tat handelt es sich bei all diesen frühen Beispielen [von Anstalten, MW] weniger um architektonische Formen oder Produktionsformen als um Technologien der Macht."[3] (9) Der Funktionalismus ist so gesehen eine Erscheinungsform abstrakter und mehr oder weniger absurder bürokratischer Klassifizierungen.

Diese Kritik an der funktionalistischen Organisation und Klassifizierung ist, wie Daniel Defert dargelegt hat, erst mit erstaunlicher Verspätung in die architekturtheoretische Diskussion eingegangen und in der Architektur dann nur oberflächlich verstanden und verbildlicht worden. Doch parallel zu den Ideen Foucaults gab es zwei andere, ähnliche Tendenzen, die sich kritisch mit baumartigen Ordnungsstrukturen auseinandersetzten: Das eine war die Entdeckung der Produktivität von Unordnung und Multizentralität, die in der Organisationstheorie schon lange vorher bekannt war[4]: Dieser Ansatz fand seinen wohl prägnantesten Ausdruck in der Ausstellung „Kreuzberger Mischung", in der es Dieter Hoffmann-Axthelm und anderen 1984 gelang, die Berliner Politiker auf die erstaunliche Produktivität des Berliner Stadtteils Kreuzberg mit seinen völlig über- und nebeneinander vermischten Nutzungen auf kleinstem Raum aufmerksam zu machen.[5] Seither ist die „Kreuzberger Mischung" ein Schlagwort geworden, das sehr viel handfester als die späteren Ästhetisierungen von Chaos durch den Dekonstruktivismus eine Arbeitsrichtung produktiver Gitter oder Netze umschreibt. Was die Systemtheorie mit der Regel benennt, daß die zum richtigen Reagieren erforderliche Komplexität eines Systems immer höher sein muß als die des Gegenspielers, beschreibt die Wirkung der „Kreuzberger Mischung": Auf vielfältige Anforderungen und Veränderungen vermag die bunte Anordnung verschiedener Denk- und Arbeitsweisen, aber auch verschiedenster Geräte und Stoffe auf engem Raum sehr viel rascher Antworten zu finden als die nach veralteten Klassifizierungen aufgebaute und „nie passend" geordnete Arbeitswelt.

Noch vor dieser Entdeckung der Kreativität von Unordnung, etwa in der gleichen Zeit, in der Alexander und Foucault auf verschiedene Weise auf den Zusammenhang von begrifflicher und räumlicher Organisation hinwiesen, gab es in der holländischen Architektur eine andere, sehr architektonische Auseinandersetzung mit dem Thema, die unter dem Stichwort *Strukturalismus* in die Architekturgeschichte eingegangen ist. Obwohl es

9/10

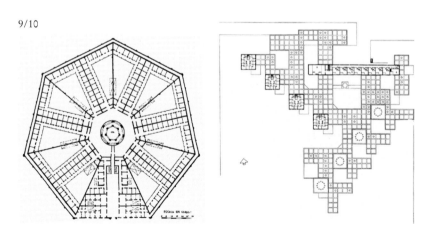

nicht explizit das Ziel war, kann man nachträglich sagen, daß es darum ging, bauliche Anlagen mit einem möglichst vieldeutigen gitterförmigen Erschließungssystem auszustatten, und jeden Zentralismus zu vermeiden. Eine Gruppe junger Absolventen der Architekturfakultät Delft um den Architekten und Hochschullehrer Aldo van Eyck zeichnete mit Berufung auf Philosophen wie Claude Lévi-Strauss und Roland Barthes Entwürfe, die möglichst wenig im voraus festlegen und möglichst viel der jeweiligen *Interpretation* der Gebraucher und Bewohner überlassen wollten, ohne daß die Gebäude selbst „unordentlich" waren: Sie waren seriell und robust, nur eben schwach organisiert. Und sie sahen im Grundriß aus wie gestricktes oder gehäkeltes Gewebe (10/11). Tatsächlich spielte auch der Begriff „Gewebe" bei den architektonischen „Strukturalisten" eine wichtige Rolle. Dieser architektonische Strukturalismus ist auch methodisch interessant, weshalb wir uns später noch intensiver damit befassen werden. Er wurde in Holland schnell zu einer Mode und verschwand dann plötzlich – und vorschnell – wieder von der Bildfläche. Aber diese kompositorische Denkweise, die darauf zielt, daß ein bestimmtes Thema – ähnlich wie im Jazz – *spontan* interpretiert werden kann, wurde so nicht weiterentwickelt. Darum war es nur konsequent, daß die wackere Catherine David auf der *documenta* X den alten Aldo van Eyck (12) in der Reihe der großen Anreger noch einmal auftreten ließ. Lassen wir es hierbei bewenden. Jedenfalls war dies ein wichtiger anderer Ansatz zur Auflösung des funktionalistischen Anstaltsdenkens, und er war weit offener als die Inszenierun-

11/12

13

gen von spontaner Unordnung, die in der gleichen Zeit sehr eindrucksvoll von Lucien Kroll kreiert wurden, zum Beispiel in seinem Studentenwohnheim (13), oder 20 Jahre später in den „Chaosarchitekturen" von Coop Himmelb(l)au, Daniel Libeskind und anderen, die kaum mehr noch Inhalt und Nutzung zulassen und damit das Thema in sein Gegenteil verkehren.

3.3 Assoziative Wahrnehmung

Hierunter verstehen wir die Zuordnung der eingehenden Wahrnehmungen, der „Nachrichten", nach allen möglichen Vorurteilen. Kurz: wir sehen, was wir *erwarten*. Wir könnten auch sagen, wir sehen, was wir gewohnt sind zu sehen und was wir zu sehen gelernt haben. Ein bestimmter „*Kontext*" läßt uns bestimmte Erscheinungen erwarten und grenzt andere aus. Dabei kommen solche Assoziationen aus ganz verschiedenen Quellen. Eine ganz wichtige ist dabei die *Geschichte*, die allgemeine wie die eigene. Sie transportiert bestimmte Erfahrungen, Konventionen, Regelmäßigkeiten, die schließlich die Wahrscheinlichkeiten bestimmter Wahrnehmungen in einem bestimmten Kontext regeln. Abweichungen von solchen Konventionen führen immer zu Auffälligkeit. Unser Wahrnehmungsapparat geht in Hab-Acht-Stellung. Ein Mittel, mit dem die Werbung, aber auch das Produkt-Design bewußt rechnen. Das Produkt soll unsere Aufmerksamkeit erregen. Es weicht darum von der Konvention ab oder ist – mit einem Wort – „modern"! Die Moderne ist schon ihrem Namen nach ein

Stil der Tauschwertsteigerung durch Unkonventionalität. Modern sein heißt, von der Konvention abweichen. Und das heißt: Auffallen! In diesem Zusammenhang möchte ich daran erinnern, daß die architektonische Postmoderne, die leider nur mit ihren auffälligen Fehltritten bekannt geworden ist, ja eigentlich ein Protest gegen diese marktgängige und isolierende Auffälligkeit war. Die Postmoderne entdeckte endlich – nachdem die Moderne zunächst zusammenhanglose Maschinen überall in die Stadt gestellt und sich dann zunehmend in „Mies-Details" verrannt hatte – die Stadt wieder, den öffentlichen Raum, den Alltag und das Typische. Sie begriff – jedenfalls in ihren besten Beispielen – Gebäude endlich wieder als Teil des öffentlichen Raums und betrieb Stadtreparatur in dem Sinne, daß sie entstandene Löcher – unauffällig, am *Typischen* orientiert, aber ohne historistische Verfälschung – schließen wollte. Früheste Beispiele in Westdeutschland sind die Studienarbeiten der Klasse von Oswald Mathias Ungers an der TU Berlin 1964–1966 und der von Nikola Dischkoff initiierte Wettbewerb um das Karlsruher Dörfle 1970, der ein Stück Altstadt vor der schon begonnenen Flächensanierung bewahrte und schon in der Ausschreibung explizit die Stadt mit Straßen und Plätzen verlangte. Im Preisgericht saßen neben Jacob Berend Bakema zwei Protagonisten der Postmoderne: Ungers und Lucius Burckhardt. Ich selbst hatte das Glück, in der Vorprüfmannschaft mitzuwirken. Dieses Preisgericht war dramatisch und alle, die es miterlebt haben, wissen, daß es sozusagen einen Wendepunkt in der Planungsgeschichte unseres Landes markierte. Die Preise gingen denn auch fast nur an damals noch ganz unbekannte Größen einer neuen Architektengeneration, der erste an Hilmer und Sattler, zwei gerade diplomierte Architekten, die danach in ihrer inzwischen unverwechselbar unaufgeregten Art Baulücken schlossen, Haus für Haus untersuchten, reparierten und die erforderliche neue Straße elegant einfügten (14/15). Diese Art des Entwerfens als eine Art Stadtreparatur, später auch Kontextualismus genannt, geriet allerdings zurecht in dem Maße in Mißkredit, in dem sie zu einer wenig zeitbewußten Anpasserei wurde und sich im Zitieren von irgendwelchen Formen und Förmchen übte, die man in der Umgebung aufgelesen hatte. Es war wie immer: Der umfassende Ansatz zu einer veränderten Planungsethik wurde rasch zu einer ästhetischen Mode. Und der in jedem damaligen Preisgericht beschworene genius loci neigte zuweilen dazu, alles Neue und Fremde aus dem Bild zu verbannen und die Stadt vor Fremdem zu bewahren. So wurde das Typische schnell zur bloß ästhetischen Formel und zur Verhinderung von ziviler Stadtöffentlichkeit, die ja gerade durch die Störung solcher Stereotypen, durch Austausch und Toleranz des Fremden charakterisiert ist.

In den sechziger Jahren war mit dieser Art von Redundanz aber noch eine andere Hoffnung verbunden: Man hoffte, die Architektur durch Nutzung der in bestimmten Figuren enthaltenen zeichenhaften Begriffe besser und

14/15

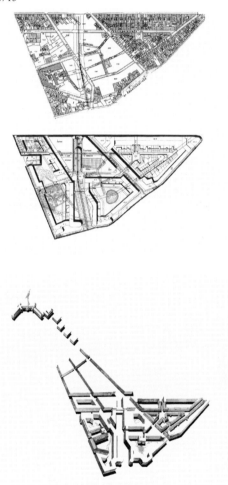

eindrücklicher für eine nicht bloß intellektuelle Öffentlichkeit zugänglich zu machen. Die Architektur sollte sich aus allgemein verständlichen Zeichen zusammensetzen, sozusagen piktographisch arbeiten und damit wieder Anschluß an das allgemeine Vorverständnis bekommen. Also eine Straße sollte wieder „wie eine Straße" erscheinen, ein Haus „wie ein Haus" und eine Säule „wie eine Säule". Dies war, wie schon einmal in anderem Zusammenhang dargestellt, das Thema von Aldo Rossi, der eine hohe Kunst darin entwickelte, Bauten zu solchen piktographischen Abbildern der allgemeinen und auch der eigenen Erinnerung zu machen (16): „In meinen Entwürfen suchte ich immer nach der Bedeutung der Architektur: diese Bedeutung (…) drückt sich durch die Form aus; deswegen muß die architektonische Ausbildung auf der Geschichte und auf dem Entwurf beruhen."[6] Es handelt sich also um eine Art ethymologischer Architektur, die nicht wie die Romantik das Vergangene als Vergangenes und Vergängliches neu inszeniert, sondern nur die aus der Vergangenheit mittransportierten, zu Zeichen gewordenen Begriffe verwendet. In dieser Beziehung gibt es eine Tradition in der „Revolutionsarchitektur", die ebenso mit zu Grundformen eingeschmolzenen Begriffen aus der Geometrie und der Geschichte arbeitete. Hierzu empfehle ich das Buch von Adolf Max Vogt, *Russische und französische Revolutionsarchitektur 1917/1789*. Eine amerikanische Variante dieses piktographisch-begrifflichen Rationalis-

16

mus war 1968 das Buch *Learning from Las Vegas*. Auch dessen Autoren Robert Venturi und Denise Scott Brown suchten im Gefolge der Civil-Rights-Bewegung nach einem Weg einer direkteren Verständlichkeit für die breite Masse und hofften auf diese Weise die Isolation des intellektuellen Mittelstands zu durchbrechen. Wie die Werbung sollte sich die Architektur dieser direkten und verkürzten Sprache der assoziativen Zeichen bedienen (17).

Tatsächlich liegt in unserer Erinnerung ein ganzer Fundus an Ausdrucksmöglichkeiten bereit, den wir nutzen können. Denn ob unser Gebäude aussieht „wie eine Fabrik" oder „wie ein Kloster" oder „wie ein Gutshof" oder „wie eine Kirche", es sollte nicht aus Versehen so aussehen. Ganz im Gegenteil: durch solche Assoziationen können ganze Bündel von Eigenschaften angesprochen werden, die wir *analog* auf unser Bauwerk anwenden können, um ihm einen spezifischen Ausdruck zu geben. Dies war wohl, wenn ich es richtig verstanden habe, auch die Botschaft des Rossi-Schülers Fabio Reinhart unter dem Stichwort „Analoges Entwerfen" an der Kasseler Uni. Man erforscht, welche Eigenschaften eine Assoziation ausmachen. Man sammelt Fotos und sieht sich Bauwerke dieser Art genau an. Man zeichnet sie ab mit allen Details. Wie werden die Sheddächer der Fabrik entwässert? Nicht, daß wir es genauso machen. Aber wir sehen uns in diesen Gebäudetypus ein. Denn alle diese Eigenschaften stehen in einem oft ganz plausiblen Zusammenhang zueinander. Sie bedingen einander etwa nach dem Motto: Wer A sagt, muß auch B sagen. Wer ein Shed-

17

dach zeichnet, muß dann auch diese Entwässerung zeichnen und so weiter[7] Hier liegt jedenfalls ein wichtiges Mittel, einen Anfang zu finden. Wir rufen einen solchen Gebäudetypus auf und geben uns damit eine Art Entwurfsthema. Und – aber darauf kommen wir später noch zu sprechen – wir schreiben es auf. Wir „be-schreiben" unseren Entwurf, bevor wir den ersten Strich gezeichnet haben. Wir erläutern darin, warum wir etwa die Schule „fabrikartig" gestalten.

Wir können noch einen Schritt weiter gehen. Anstelle der zum Zeichen gewordenen Assoziation oder Erinnerung können wir auch einen Nachguß der Sache selbst verwenden und ein noch geliebtes Gebäude oder ein Ensemble von Gebäuden „rekonstruieren". Viele Architekten halten das für geradezu anstößig, für eine Art Betrug. Dabei ist in der Architektur – übrigens wie in der Musik auch – die wortwörtliche Rekonstruktion in bestimmten Situationen doch ein legitimes kompositorisches Mittel, und ich verstehe überhaupt nicht, weshalb Architekten sich so zieren, ein altes Stück einfach neu aufzuführen. Ist es nicht schön, daß Schinkels Altes Museum in Berlin „noch steht"? – eine Rekonstruktion (18/19). Das Museum war fast vollständig zerstört. In Nürnberg regten sich die Leute auf, daß wir da einen Turm in die Altstadt bauen wollten. So dicht neben dem mittelalterlichen Turm in der Stadtmauer! – Falsch! Dieser Turm war beim Wiederaufbau nach einer alten Dürerpostkarte da hineinfantasiert worden. Eine Rekonstruktion am falschen Platz, die die Leute längst für das Original nehmen. Hier jedenfalls liegt ein großes und bislang von

18/19

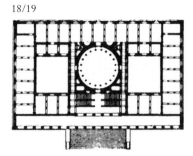 

Architekten ängstlich gemiedenes Thema. Allzu schnell wird das als Walt-Disney-Kitsch abgetan! Aber selbst da sollten wir uns, anstatt die Walt-Disney-Lands mit ihrer Kinoarchitektur zu belächeln, als Architekten schon fragen, ob wir uns nicht ernsthafter mit den Möglichkeiten „assoziativer Redundanz" befassen müssen.

Nun gibt es aber nicht nur Assoziationen zu Gebäuden. Viel tiefer in uns und viel zwingender sind Assoziationen zu – uns selbst. Ob wir wollen oder nicht, die Dinge um uns „sehen uns an", haben „Füße", oder einen „Rücken", sie „liegen", „stehen", sind „o-beinig" und so weiter oder sie „schielen". Wir sagen dazu, sie sind *anthropomorph*. Gerade funktionalistische Gebäude sind häufig – auch unfreiwillig – solche organischen Körper mit Kopf und Gliedmaßen. Und es ist gut, sich diesen anthropomorphen Aspekt von Formen deutlich zu machen. Wir können uns das an einer kleinen Aufgabe vergegenwärtigen: Wir müssen ein Vordach an zwei Hängestreben befestigen. Wie zeichnen wir diesen Aufhängepunkt? So wie A? Oder wie B? Oder wie C? (vgl. nebenstehende Kreidezeichnung) Alle drei Lösungen sind technisch gleich gut. Aber die anthropomorphe Form C ist die, die am verläßlichsten erscheint, weil wir sie spontan verstehen. So würden wir das Dach mit unseren Händen auch halten. Ähnlich verhält es sich mit den hängenden Brückenbögen von Bernhard Hermkes im Berliner Architekturgebäude der Technischen Universität, die zwar statisch plausibel sind, nicht aber anthropomorph. Denn da wir uns nicht wie Affen mit den Füßen und Händen zugleich fest anhängen können, können wir auch nur eine nach oben gewölbte Brücke bilden. Deshalb sind solche körperhaften Brücken mit einer „falschen" Haltung zunächst nur irritierend. Aber man kann hier viele Beispiele bringen: Ein auf Stützen stehender Kubus zum Beispiel wird ein „Kopf", wenn man ihn nur etwas anschrägt. Das ist das Eigentümliche an Ludwig Leos Berliner Versuchsanstalt für Wasserbau und Schiffbau, daß sie diese Anschrägung hat (20). Plötzlich ist dieser Kubus etwas Organisches, Körperhaftes. Bei Möbeln, vor allem Sitzmöbeln, ist dieser Zusammenhang ganz offensichtlich. Häufig wurden die Füße dann auch wirklich wie Tatzen ausgebildet wie bei verschiedenen Sitzmöbeln von Schinkel. Das Beispiel macht auch deutlich: Anthropomorph heißt nicht unbedingt menschenförmig. Es heißt

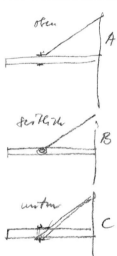

20

einfach: *wie ein organisches Wesen, ähnlich uns selbst.* Und natürlich enthält das den schon erwähnten tektonischen Aspekt des Stehens, Tragens und so weiter.

Den anthropomorphen Aspekt sollten wir nicht überstrapazieren. Aber er sollte uns bewußt sein. Und dazu verhilft uns wieder die verbale Beschreibung. Wir müssen dann nämlich einen Ausdruck finden dafür, daß unser Gebäude zum Beispiel am Endpunkt des Weges „steht", „liegt", „sich erhebt", uns „die Schulter" oder „den Rücken zukehrt" oder eben auch nur „sich befindet". Was davon? Welche Beschreibung trifft auf das zu, was wir erreichen wollen? Indem wir unseren Entwurf assoziativ und wie ein Dichter „be-schreiben", entwerfen wir schon.

Anmerkungen

1   Christopher Alexander: „A City is not a Tree", in: *Architectural Forum*, April/Mai 1965
2   M. Wilkens: „Mindeststandards im Wohnungsbau", in: *Bauzentrum* 4–5, 1991, und in: *Stadtarchitektur*, Karlsruhe 1995
3   Daniel Defert: „Foucault, der Raum und die Architekten", in: *Politics, das Buch zur documenta X*. Dieser Aufsatz ist eine kompetente Darstellung der bisherigen Diskussion um den Begriff der Heterotopie, der in der Kritik der modernen Architektur und vor allem der Stadtplanung eine zunehmend wichtige Rolle spielt.
4   Renate Mayntz (Hg.), *Bürokratische Organisationen*, Köln/Berlin 1971
5   Karsten-Heinz Fiebig, Dieter Hoffmann-Axthelm, Eberhard Knödler-Bunte (Hg.): *Kreuzberger Mischung – Die innerstädtische Verflechtung von Architektur, Kultur und Gewerbe*, Berlin 1984
6   Aldo Rossi, Vorwort zum Katalog der Ausstellung an der ETH Zürich 1972, zitiert nach *ARCH+*, Heft 140, Dezember 1997/Januar 1998
7   Ich habe diesen Aspekt sehr ausführlich beschrieben in: „Die Angst vor den Formen" unter III.2 „Statistische Aspekte der Form", Bauwelt 22, Juni 1973, S. 998 ff

Bildlegenden

1   Gerrit Rietveld: Z-Stuhl, nach einer Postkarte freigestellt
2   Claes Oldenburg: Soft Typewriter 1963, in: Coosje van Bruggen, *Claes Oldenburg*, Frankfurt 1991
3   Le Corbusier: Schaukelliege, in: Werner Blaser, *Alvar Aalto als Designer*, Stuttgart 1982
4   Mies van der Rohe: Sessel in Stahl und Leder, 1928, in: Hans Koepf, *Baukunst in fünf Jahrtausenden*, Stuttgart/Berlin/Köln 1997
5   Alvar Aalto, Aschenbecher, in: Werner Blaser, *Alvar Aalto als Designer*, Abb. 3
6   Fächerstadt Karlsruhe, gegründet 1715, in: Hans Koepf, *Baukunst in fünf Jahrtausenden*, Stuttgart/Berlin/Köln 1997
7–8 Walter Gropius: Arbeitsamt, Dessau, 1928, Postkarte mit Foto von Emil Theiß. Grundriß, in: Winfried Nerdinger, *Der Architekt Walter Gropius*, Berlin 1985
9   Krankenhaus San Lázaro in Havanna, in: Joaquín E. Weiss, *La Arquitectura Colonial Cubana, Siglos XVI al XIX*, Havanna/Sevilla 1996
10–12 Aldo van Eyck: Burgerweeshuis, Amsterdam, 1955 (Entwurf), 1958–1960 (Ausführung), in: Wim J. van Heuvel, *Structuralism in Dutch Architecture*, Rotterdam 1992
13   Lucien Kroll, Medizinische Fakultät, Woluwé-Saint-Lambert, La Mémé, in: Lucien Kroll, *Bauten und Projekte*, Stuttgart 1987
14–15 Hilmer und Sattler: Altstadtsanierung Karlsruhe: Ausgangszustand mit geplanter Straße, 1970, Wettbewerbsentwurf, Isometrie, in: Heinz Hilmer, Christoph Sattler, *Altstadtsanierung Karlsruhe – Untersuchungen an historischen Gebäuden*, Karlsruhe 1977
16   Aldo Rossi: Zeichnung 1972, in: Aldo Rossi, *Teatro del mondo*, Venezia 1982
17   Robert Venturi, John Rauch: Säule im Kunstmuseum, Oberlin-College, 1976, in: Deutsches Architekturmuseum (Hg.), *Jahrbuch für Architektur 1981/1982*, Braunschweig/Wiesbaden 1981

18–19 Karl Friedrich Schinkel: Altes Museum Berlin, in: Robbin Middleton, David
       Watkin: „Klassizismus und Historismus", in: *Weltgeschichte der Architektur*,
       Stuttgart 1987
20   Ludwig Leo: Umlauftank des Wasserforschungsinstituts, Berlin, Tiergarten, in:
       Werk, Bauen+Wohnen, Ein Blick auf Berlin, Nr. 1/2, Zürich, Januar/Februar 1995

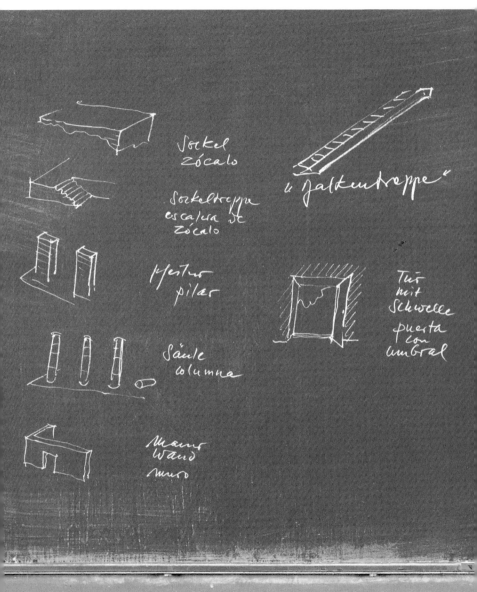

4

Sockel
zócalo

Sockeltreppe
escalera de
zócalo

„Faltentreppe"

Pfeiler
pilar

Säule
columna

Tür
mit
Schwelle
puerta
con
umbral

Mauer
Wand
muro

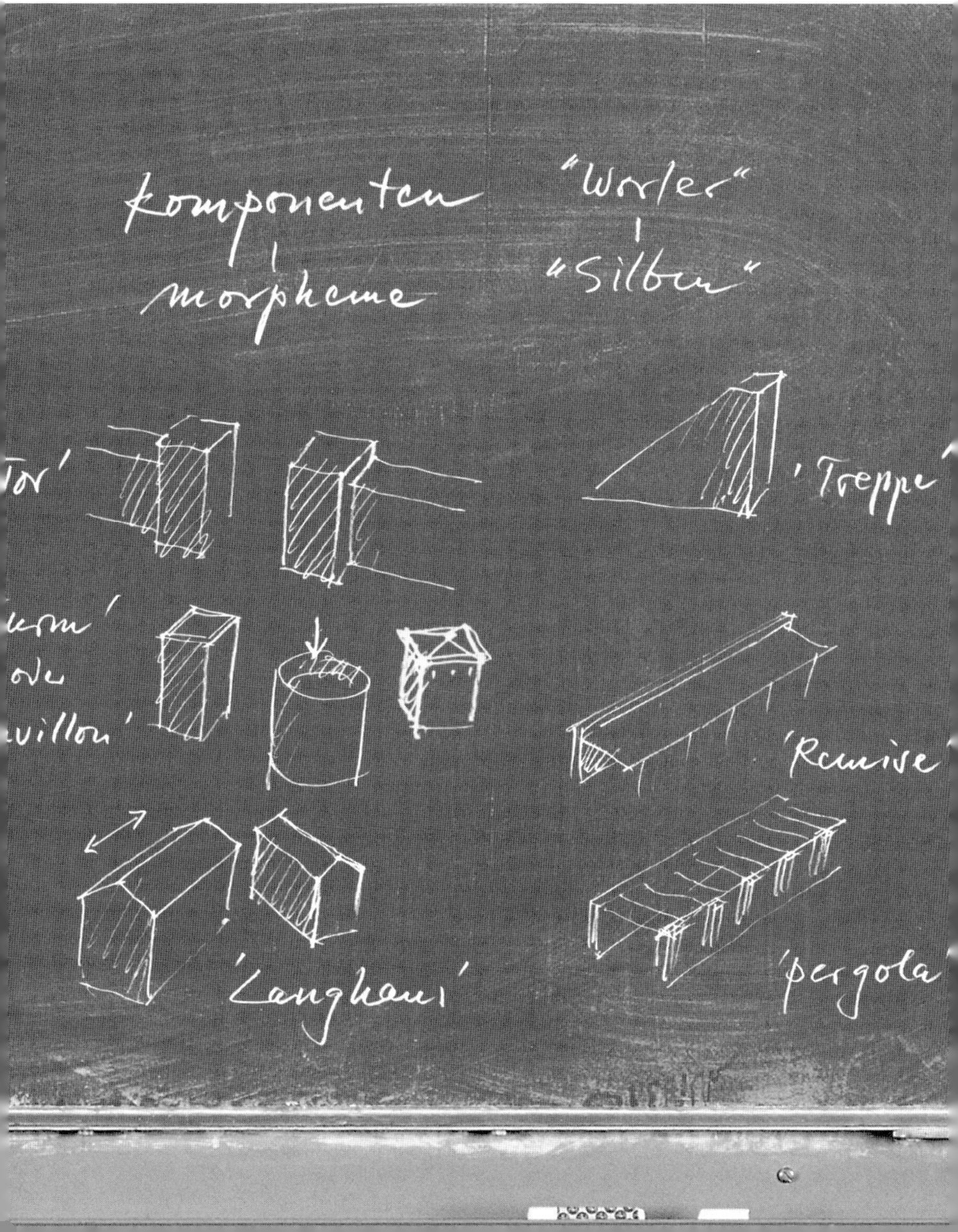

Komponenten   "Wörter"
    | |
 morpheme   "Silben"

'Tor'   'Treppe'

'Turm'
'ove
'Pavillon'   'Remise'

'Langhaus'   'pergola'

4 Komponenten und Kompositionsformen

Wir haben uns in der letzten Lektion mit der Art und Weise beschäftigt, wie wir unsere Umwelt wahrnehmen, wie wir die „Nachrichten" aus der Umwelt verarbeiten. Dabei spielte der Begriff der Redundanz bzw. der Superierung oder Unterordnung (unter Begriffe) eine große Rolle. Danach ordnen sich die einzelnen Teile zu bestimmten und begrifflich faßbaren Superformen, mit denen wir sie wieder *dekomponieren* können. Beim Komponieren räumlicher Figuren setzen wir also die Teile so zusammen, daß sich eine verständliche, entschlüsselbare Nachricht ergibt. Welches sind nun die *Morpheme*, aus denen wir die räumlichen *Komponenten* zusammensetzen, also sozusagen die Silben, aus denen wir die Wörter *formen*, die wir dann zu ganzen Sätzen komponieren?

4.1 Räumliche Komponenten

Gehen wir der Reihe nach vor, von unten nach oben: Wir werden sehen, es sind nicht viele Teile, eigentlich immer die gleichen. Einige werde ich genauer darstellen, andere, wie das Dach und die Balkendecke, haben wir teilweise schon etwas näher inspiziert. Als erstes betrachten wir – was

1

immer zuerst kommt – den *Sockel*, der inzwischen meist zum bloßen Fundament degeneriert ist. Sockel spielten in der klassischen, (komponierten) Architektur eine ebenso bedeutende Rolle wie in der Bildhauerei. Sie sind die Arena, auf der das komponierte Spiel mit schweren Steinen und Balken stattfindet. Wir haben heute, auf all den blanken und planierten Flächen lebend, keinen Begriff mehr von dem unglaublichen Luxus, den ein solcher Sockel außerhalb unserer technischen Zeit darstellte. Das offene Land war ja zu jener Zeit nur mühselig zu durchqueren: diese zerfurchten und holperigen Wege, die oft nur ausgetrocknete Flüsse waren, diese Maultier- oder Büffel-Pfade! Und dann, auf halber Höhe, wo die alten Griechen die Götter wähnten, ein exakt vermessener, noch nach zweitausend Jahren vollkommener Sockel aus weißem Marmor wie auf der kleinen Insel Kea (1). Nach stundenlangem, beschwerlichem Fußmarsch durch zikadenschwirrende Hitze habe ich ihn einst auf einer Wanderung erreicht, vom Inneren der Insel kommend, etwa 70 m hoch über der Ägäis! Den Marmor findet man dort gar nicht. Er kam also mit Schiffen an die Küste. Und von dort wurden dann die gewaltigen Steine da hochgeschafft. Oder der hoch über die Wadis des Yamuna aufragende Sockel des Tadj Mahal in der Nähe von Agra (2): Er trägt einen Paradiesgarten mit Wassern und üppigen tropischen Bäumen, durch die die Kuppeln des Mausoleums wie Porzellan glitzern. Und darunter träge Wasser, Schwärme von Reihern, Ufer und Inseln bis an den dampfenden Horizont: wirklich ein „Urstromtal", aus dem die Kunstwelt des Mausoleums auf den Sockel gehoben wurde![1] Ja, der Sockel stellt eine menschengemachte Welt in der Welt her. Er ist ein Sieg über die wilde Natur. Wenn man ihn wegläßt, die

2

Bauten auf Pfählen über dem wilden Boden aufstelzt, drückt das eine ganz andere Haltung der Natur gegenüber aus. So wie in Japan – wo es nicht diesen harten Horizont zwischen Himmel und Erde gibt – das Wort für Blau und Grün das gleiche ist! Die Japaner haben (oder hatten!) – wie überhaupt die Völker Ostasiens – ein anderes, flexibleres Verhältnis zur Natur. Die setzen ihre Tempel und Häuser also ohne solche breiten Sohlen in die Natur, sozusagen auf Zehenspitzen (3).

Sockel werden über *Sockelrampen* oder eine *Sockeltreppe*, zuweilen auch – bei Hanglagen – nur einfach von oben her erschlossen. Das wohl großartigste Beispiel solcher Sockeltreppen ist die über der Bucht von Salamis hinauf zu den Propyläen. Die Stufen sind mächtig – und steil! Das ist nicht einfach eine herrschaftliche Treppe. Götter haben ein anderes Schrittmaß! Oder die hinter nur niedrigen, gestuften Brüstungsmauern fast 100 m hoch aus dem Tal des Lhasa zum obersten der über 24 Geschosse aufsteigenden Sockelrampen und -treppen des Potala in Tibet! Was für ein Bauwerk! Leider bin ich, bevor es, mit Neonlampen bestückt, für den Tourismus zugänglich gemacht wurde, nie dorthin gekommen (4). Das wohl markanteste Beispiel aus dem 20. Jahrhundert ist die Sockeltreppe der schon anfangs erwähnten Casa Malaparte auf Capri, hoch über dem Mittelmeer (vgl. S. 38). Aber natürlich ist auch die Treppe zum Sockel von Mies' Barcelona-Pavillon ein schönes Beispiel. Und, was immer auf diesem Sockel steht, es ist immer ein „Tempel", und sei es einer für die Kunst.

3/4

Beim Übergang von außen nach innen gibt es *Schwellen*. Sie waren ursprünglich ja nur ein witterungsbedingter Sockel auf dem Sockel, der den Eintritt des Regenwassers in das Haus, aber auch in die Konstruktion vermeiden soll. Schwellen dienten zuweilen auch als Anschlag für das große Tor, auf jeden Fall markierten sie immer den Übergang von außen nach innen. Deshalb kommt ihnen auch im sozialen Umgang – bis heute – eine hohe symbolische Bedeutung zu. Wenn man sie wegläßt, also ihre technische Rolle durch verdeckte Rinnen ersetzt, will man diese Grenze ausdrücklich vermeiden. Ich habe an anderer Stelle dargelegt, wie wichtig diese Grenzziehungen, diese symbolischen Schwellen im Wohnungsbau sind.[2] Die Literatur ist voll von Beispielen, in denen der Fremde über die Schwelle tritt. Das Foto unten zeigt Scheich Kachtan Achmed, dessen Gast ich ein paar Tage war, auf der mächtigen Schwelle seines Hauses am Tigris (5).

Auf dem Sockel (oder dem Fundament) gründen die *Mauern* mit ihren Öffnungen, den *Toren, Türen* und *Fenstern*, die *Mauerpfeiler*. Mauern, Pfeiler und Säulen standen ursprünglich nicht dank einer ausgekügelten Aussteifung des Gebäudes, sondern allein dank ihres Gewichts. Denn sie waren aus behauenem oder unbehauenem Fels oder gebranntem, manchmal auch ungebranntem, dann aber hochverdichtetem Ton. Jedenfalls sind schiefe Pfeiler, die während des Baus durch ein Gerüst gestützt werden mußten, von den gotischen Strebepfeilern abgesehen, wohl schon

5

wegen dieses Aufwands in der Baugeschichte selten. Mir fallen dafür nur Beispiele von Antonio Gaudí ein – wie die schiefen Pfeiler im Park Güell (6). Unsere Zeit hat keinen Respekt mehr vor diesen Mauern und Pfeilern, vor der Qual und der Anstrengung, die sie gekostet haben. Diese Mühsal der Menschen und der Pferde, die in jedem Stein steckt! Die Schinderei im Steinbruch, das „Jüha" und „Brrr" der Fuhrleute, die sogenannte Knüppelarbeit beim Heben und Verschieben! Heutzutage werden solche Mauern, weil es billiger ist, achtlos und in wenigen Stunden – so wie kürzlich in Kassel die Ravellin-Spitze der alten Stadtbefestigung – ruckzuck für eine Tiefgarage weggerissen. Jeden Tag werden solche Mauern zerstört – häufig, viel zu häufig – unter Mitwirkung prominenter Architekten! Und man muß sich klarmachen: Mauern, „richtige" gemauerte Mauern, kommen nie wieder! Wir werden dafür nur Pappe kriegen!

Dann das große Thema der unterschiedlichen *Maueröffnungen*: *Tore, Türen, Fenster,* kleine, große, stehende, liegende, halbrunde, mit Balkenstürzen, mit Sturzbögen, einzeln, zusammengefaßt und so weiter – ein großes Thema. Denn durch diese „Löcher" tritt das Licht in den Innenraum. Das Fenster vermittelt deshalb zwischen dem Innen- und Außenraum, und es hat zwei ganz verschiedene Wirkungsweisen: Für den Innenraum ist es vielleicht die einzige helle Lichtöffnung, für den Außen-

6

raum ist es eines von mehreren dunklen „Löchern" in der Wand. Heute gibt es auch Fensterwände, transparente oder transluzente Membranen. Aber die gehören schon in das Reich des „Designs". Wir bleiben deshalb bei den Maueröffnungen. Und Sie werden sehen: schon die rohe Öffnung ohne die Füllung, also Rahmen, Flügel, Markise, Gitter, ist ein großes und reiches Thema. Allein die Differenz von stehenden und liegenden Fensterformaten: Das stehende Format war natürlich früher das einfachere, weil es keine Probleme im Tragverhalten der Mauer brachte. Liegende Formate mußten aufwendig mit Druckbögen überwölbt werden. Die stehenden Formate sind aber gerade in bezug auf unsere Bewegung im Raum sensibler: wenn wir uns bewegen, stellt das Fenster ein Passepartout für ständig wechselnde Blicke dar. Gerade für Ausblicke in die Weite sind die Hochformate schön. Unvergeßlich eine Fenstertür am Ende eines Korridors in einem alten Hotel auf Gomera, auf das die Wogen des Atlantiks zurollten! Die Fensterlaibungen waren früher bei den dicken Wänden schöne Umrahmungen für diese Bilder, und zugleich lenkten sie das Licht und brachen es, wie die in den meterdicken (in Wirklichkeit hohlen Spritzbeton-) Wänden der Ronchamp-Kapelle. Bei den relativ dünnen Außenwänden heute sind die Lichtöffnungen wie ausgestanzt, wodurch die Lichtfläche blendet. Aber dicke Wände kosten

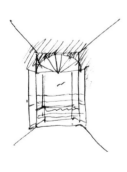

zuviel Platz und sind deshalb nur noch auf dem flachen Land bezahlbar. Und die Notwendigkeit, überall genügend Tageslicht hinzubringen, führt – jedenfalls in unseren Breiten – zu einem relativ hohen Anteil an Öffnungen in der Wand, im Wohnungsbau hierzulande ein gestalterisches Handicap. Denn es ist schwer, mit durchlöcherten Wänden ein räumlich und plastisch volles Volumen zu entwickeln. Und im lichtarmen Mitteleuropa braucht jeder größere Raum schon zwei Fenster. Derzeit bringt die Furcht, altmodisch zu

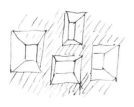

wirken, hier manchen Entwerfer wieder zu liegenden Formaten, die im Wohnungsbau ja noch den weiteren Nachteil haben, daß sie die Stellfläche für die Möblierung weiter verringern. Dieses Thema hat es jedenfalls in sich, ganz abgesehen davon, daß auch die Feuerwehr noch Ansprüche stellt. Denn Fenster sind eben im Notfall auch Fluchtwege …

öffnungen

2 je ki/l

3 gekilt

Aber unsere Liste der Bausteine ist damit noch nicht vollständig. Die Schönste und Edelste unter all den Komponenten, aus denen Architektur gemacht wurde, war die *Säule*. Sie gilt in der abendländischen Baukunst als die schöne Schwester des Pfeilers. Auch sie stand dank ihres Gewichts, ist deshalb nicht mit einer heutigen Stütze zu verwechseln. Sie wuchs von unten nach oben, von der Basis sich allmählich verjüngend zu ihrem oberen Abschluß, dem Kapitel, der Verbreiterung, die die Last von oben aufnahm. Die Säulen der griechischen Tempel lassen ihr Gewicht ganz vergessen. Besonders die ionischen Säulen wie die Koren (Jungfrauen) des Korentempels auf der Akropolis sind von solcher Anmut und Zartheit, daß man meint, sie könnten sich von selbst aufrichten (7). Besonders anmutige Beispiele finden wir später in Italien, wo solche Säulen in einem rauhen und wehrhaften Mauerwerk die Bögen über den Öffnungen tragen und das Fenster oft in eine gerade Zahl von Öffnungen teilen, so daß

7

Sockel

Sockeltreppe

Pfeiler

Säule

Mauer Wand

Tür mit Schwelle

„Balkentreppe"

immer eine der Säulen – oder die eine – genau in der Mitte steht. Das ist dann sehr graziös: wie eine Tänzerin, auf einem Bein eine Pirouette drehend. In der Mitte eine Öffnung oder aber eine Säule – also zwei- oder dreigeteilt, das macht jedenfalls in der Architektur einen Unterschied!

Auf den stehenden Mauern und Säulen liegen die *Balkenlagen*, stützen sich die *Sturzbögen*, die *Tonnen und Kuppeln,* die ihren seitlichen Druck an *Strebepfeiler* oder durch hohes Eigengewicht stabilisierte *Widerlager* abgeben, darauf die *Pfetten*, die die Sparrenlage mit der Dachdeckung tragen, also alle die Komponenten, die – wie wir gesehen haben – die Viereckigkeit der architektonischen Figuren begründen. Dazu gibt es noch die *Wangen- oder Balkentreppen,* die wegen des nötigen Treppenauges und der Belastung der Decke in einem Zusammenhang mit den Balkenlagen gesehen werden müssen.

Ich habe all diese Morpheme hier skizziert: Zusammen sind es nicht mehr als ein Dutzend Elemente. Daraus also wurden, Schritt für Schritt, jahrhundertelang die architektonischen Komponenten gebaut, aus denen dann – wieder Schritt für Schritt – all die berühmten Bauten komponiert wurden. Schritt für Schritt: diese typische Abfolgegebundenheit fand sich nicht nur in den Wörtern, die die einzelnen Teile nach ihrer Funktion und Rolle in dieser Schrittfolge bezeichnen – die *Pfette* ist ein Balken, der vor den Balken kommt, die man *Sparren* nennt, der *Schlußstein* kommt am Schluß in einen Wölbbogen, und so weiter; aber auch in der Organisation der Bauhandwerke, deren Gewerke immer eines auf dem andern aufbauten, gab es diese selbstverständlichen Reihenfolgen. Bei den Öffnungen etwa: der Maurer legte sie an. Dann erst kam der Fenstertischler, nahm Maß, fertige das Fenster und baute es ein. Daraufhin wurden die geschmiedeten Beschläge angebracht. Dann kam der Glaser, dessen handgeblasene Scheiben ein feines Sprossenwerk erforderten. In Teilen des heutigen Bauens, wo wir

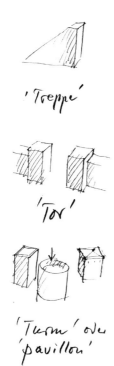

' Treppe '

' Tor '

' Turm ' oder
' pavillon '

es mit normalen Raumgrößen von nicht mehr als etwa sechs Metern Stützweite zu tun haben und wo Serien nicht möglich sind, arbeiten wir im Prinzip immer noch mit diesen wenigen Teilen und aufeinander aufbauenden Gewerken. (Dabei ist eine normale Betondecke ihrem Tragverhalten und ihrer Dicke nach durchaus einer Holzbalkendecke vergleichbar.) Erst die Problematik von Wärmebrücken erzwingt in letzter Zeit auch in diesem Bereich neue Teile wie Hängestützen oder tragende Wandschotten. Fertigungshallen, Hochhäuser und so weiter sind mit den klassischen (druckbeanspruchten) Bauteilen schon lange nicht mehr machbar. Sie sind komplex, weniger hierarchisch organisiert und deshalb auch für den Betrachter nicht entschlüsselbar. Sie werden sozusagen als *black boxes* „designed". Aber für einen Großteil des Bauens kommen wir mit dem Repertoire des komponierten Bauens immer noch aus.

Wir unterscheiden nun eine Anzahl von Grundfiguren oder *Komponenten*, aus denen architektonische Kompositionen entstehen. Dabei ist die Unterscheidung von Baugliedern oder Elementen, die ich eben aufgezählt habe, nicht eindeutig. Der wesentliche Unterschied (zwischen Komponenten und Baugliedern) ist lediglich der, daß Komponenten auch als selbständiges Gebäude existieren können. Der *Sockel* ist zum Beispiel eine solche Komponente, die auch für sich stehen kann. Mies' Nationalgalerie in Berlin ist – fast – nur ein solcher Sockel. Auch eine *Treppe* oder ein *Tor* kann eine selbständige Komponente sein. Ebenso wie eine *Mauer*, wobei wir darunter auch eine vielgeschossige Gebäudescheibe verstehen könnten. Dann der *Kubus* oder *Turm*: ein fast fensterloses, kaminartiges Mauergeviert, schwer und fest. Die *Loggia* dagegen ist ein „rundes" (zum Beispiel quadratisches) Dach auf vier oder sechs Pfeilern oder auch Säulen. Das *Pavillon-Haus* ist ebenfalls „rund" im anfangs entwickelten Sinn und „sieht" nach allen vier Seiten. Das *Langhaus* dagegen hat eine kurze Giebel- und eine lange Traufseite, es ist ein in die Länge gezogenes Profil. Ähnlich die *Pergola* und die *Remise*: Langhäuser, die aber keine Wände mit Fenstern, sondern nur lange Pfeiler- oder Säulenreihen haben. Die *Remise* ist ein „langes", schattenwerfendes Dach ursprünglich zum Unterstellen von Kutschen und

Langhaus

Remise

pergola

Wagen, während die Pergola fast nur aus Pfeilerreihen besteht. Man könnte noch weitere Figuren aufzählen wie Passagen, Atrien. Hier geht es aber gar nicht um eine Morphologie des klassischen Bauens, sondern nur um die Aufzählung kleinster, nicht mehr teilbarer Baukomponenten („Wörter"), die selbst nur noch in die aufgezählten Bauglieder oder Morpheme („Silben") dekomponiert werden können.

Ich werde nun an Beispielen verfolgen, wie diese Komponenten zusammenkommen können. Ich unterscheide dabei einige typische Aktionen oder Methoden, allerdings ohne den Anspruch auf eine vollständige Systematik. Mir geht es hier insbesondere darum, das Verständnis für solche Methodik zu wecken – auch bei der Rezeption von Architektur. Eine entscheidende Rolle spielt in allen Fällen, wie weit sich die Teile einseitig oder gegenseitig bestimmen, so wie wir es schon einmal beim Dachhaus gesehen haben; also wieviele *Freiheitsgrade* die Komponenten im Prozeß behalten oder wie selbständig sie sind. Ich werde im Laufe der nächsten Lektionen nun sieben solche typischen Strategien vorstellen: *Stapelung, Anhäufung,* Vervielfachung, Vereinfachung, Superierung, Durchdringung/Überlagerung und *Konfrontation.* Dabei unterscheiden sich diese Methoden oder Aktionen vor allem durch die Art, wie die jeweils nächste Komponente oder auch das nächste Bauglied sich zum vorherigen fügt. Die folgende Übersicht zeigt das:

Schichten, Anlehnen: *Stapel*	… getragen/gestützt von der vorherigen
Addieren, Verdichten: *Herde, Mühle*	… ähnlich wie die vorherigen, aber niedriger und weiter vom Zentrum
Vervielfachen: *Ketten, Gewebe*	… wie die vorherigen, nur anders genutzt
Vereinfachen	[Alle Komponenten sind Organe eines Ganzen.]
Superieren, Verkomplizieren: *Raumplan, Kolossalordnung*	… vom vorherigen bestimmt/ beherrscht. Die erste Form ist die Großform.
Durchdringen, Überlagern: *Kreuz, Ge-schichte*	… teilweise von der vorherigen bestimmt und umgekehrt: vertauschte Reihenfolge
Konfrontation: *Bühne*	… selbständig, steht der anderen frei gegenüber

Unentschieden bleibt dabei, ob es sich um einzelne Bauglieder, also um „Silben", oder um Morpheme handelt – oder um Grundfiguren, um „Wörter", die ich Komponenten nenne. Meist sind architektonische Sätze nach der gleichen Methode zusammengefügt wie Wörter zu einem Satz.

4.2 Die einfachste Kompositionsform: Stapeln

Beginnen wir mit der einfachsten Aktion – ich kann dabei auch besser erklären, was mit einer kompositorischen Aktion gemeint ist: Wir stapeln ein Teil auf das andere. Jede einzelne Komponente muß deshalb so gewählt sein, daß das Ganze von der Schwerkraft aufeinandergehalten wird. Hohe Gebäude sind oft solche „Stapel": Auf einem Sockel steht ein turmartiger Kubus, auf den ein weiterer, nicht ganz so gedrungener Kubus, aufgesetzt ist. Und ganz oben ist noch ein leichtes Teil aufgesetzt, eine Loggia als krönender Abschluß. Damit ist die ganze kompositorische Aktion allerdings noch nicht beschrieben. Es macht einen großen Unterschied, ob der Stapel streng symmetrisch geordnet ist oder nicht, ob er stabil ist oder dicht an der Grenze zur Instabilität. Für uns ist hier im Moment nur wichtig, daß immer ein etwas schwächeres Teil auf ein anderes kommt, das es trägt und den Sockel herstellt. Man sieht schon, daß das Stapeln eigentlich die Urform allen Bauens ist, jedenfalls solange keine Zuggurte verwendet werden, und daß der Begriff Stapelung so fast überall gilt. Aber erinnern wir uns an das anfangs Gesagte, als wir davon sprachen, was hier mit Komposition gemeint ist. Von Komposition sprechen wir, solange nicht mehr nur die Konstruktion und noch nicht allein der Ausdruck gemeint ist. Wenn also mit kompositorisch *erkennbarer* Absicht ein Teil auf das andere kommt, auf jeden Sockel noch ein Sockel, auf ein fast schon schwankendes Teil noch ein Teil, dann sprechen wir von Schichtung und Stapel.

Dabei ist die Richtung des Vorgangs nicht unbedingt wichtig: man kann sich das Stapeln auch als ein Aneinanderreihen vorstellen, wie einen Stapel verschiedenformatiger Bücher auf einer Platte, immer vorausgesetzt, daß das erste Buch stabil genug ist, den Anfang und Sockel zu bilden, an den sich das nächste anlehnen kann, das dann seinerseits dem nächsten noch etwas Halt gibt und so weiter. Wenn dieses Auf- oder Aneinanderstapeln der Komponenten so erfolgt, daß alles sozusagen oder tatsächlich umkippt, wenn ein vorheriges Teil herausgenommen würde, wenn also jedes Teil sich auf das vorgängige stützt, das Ganze wie ein Kartenhaus aufeinander baut – dann spreche ich von einem Stapel. Dabei ist das „Sich-Stützen" nicht allein statisch gemeint, sondern eher analog zum statischen „Stützen", „Lastabtragen". Jede Aktion schafft eine Basis für die nächstfolgende, wobei mit wachsender Zahl der Schritte die Teile leichter und instabiler werden. Ein faszinierendes Beispiel ist Rafael Moneos Rathaus am Marktplatz von Murcia in Andalusien (8/9), ein Gebäude mit der unverwechselbar spanischen Mischung aus Kraft und Grazie, voller Stolz der Barockkirche gegenübergestellt. In meinen Augen ein ähnlicher Glücksfall wie der Rathausanbau in Göteborg von Gunnar Asplund, der vor fast 60 Jahren mein erstes großes Architekturerlebnis war. Moneo setzt, wie es an solchen Stadtplätzen Tradition ist, eine Art Fassadengebäude vor das eigentliche Gebäudevolumen: einen nach oben leichter werdenden Stapel aus verschiedenen Pfeilerordnungen, die unterste im Gleichmaß, die drei darüber synkopisch, eine Folge verschiedener Rhythmen. Die barocke Kraft kommt aber noch nicht aus diesem Stapel, sondern daher, daß die

8/9

gestapelte Figur zugleich *auch* als eine superierte Großform aus einem großem Umriß, aus einer über zwei Geschosse durchgehenden Öffnung mit großem Fenster und zwei kleineren und verschieden hoch gesetzten Fensterlöchern im massiven unteren Teil, ausgebildet ist. Das so entstehende Großformat verleiht ihr die konzentrierte Kraft.

Wenn Sie in der Bahn sitzen oder warten, sollten Sie sich einmal die Zeit damit vertreiben, ganz zwecklose Gebäude aus den klassischen Bauteilen zu zeichnen, die ich vorhin skizziert habe. Das ist so etwas wie architektonisches Aktzeichnen. Dabei ist wichtig, daß die Teile nur lose aufeinander (oder aneinander) stehen. Sie sind also im Grunde noch *beweglich*. Nur das Eigengewicht hält sie an ihrer Stelle. So wie in der unten abgebildeten Studie des Bildhauer-Architekten Erwin Heerich, von dem später noch die Rede sein wird (10). Die Beweglichkeit und Identität der Komponenten wird dadurch deutlicher, daß einer der beiden Pfeiler aus seiner Position gedreht ist. Durch eine solche Störung der „ursprünglichen" Ordnung in Form dieser kleinen Lageveränderung läßt sich zeigen, welche Teile nur lose aufeinander stehen und potentiell beweglich sind und welche nicht.

10

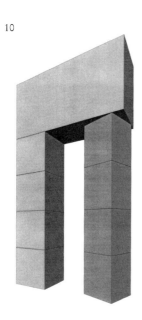

Anmerkungen

1   Inzwischen ist der Yamuna, anders als bei meinem ersten Besuch 1957, kanalisiert
2   M. Wilkens: „Mindeststandards im Wohnungsbau", in: *Bauzentrum* 4–5, 1991

Bildlegenden

1   Akropolis von Kea, Zeichnung: Autor
2   Tadsch Mahal, Foto: Autor
3   Der Kojo-in Tempel in Otsu (16. Jh.), in: Günter Nitschke, *Japanische Gärten*, Köln 1993
4   Potala Palast, Lhasa, Bau des Weißen Palastes und Hauptteils: 1645–1653, in: Bauindustrie-Verlag Chinas (Hg.), *Tibet und seine Architektur*, Beijing 1992
5   Blick aus dem Haus des Scheichs am Tigris unweit von Babylon, Foto: Autor
6   Antonio Gaudì: Iglesia de la Colonia Güell, 1908–1914, Santa Coloma de Cervelló, in: *A+U Architecture and Urbanism, Antonio Gaudì*, 1974
7   Sogenannter Korentempel auf der Akropolis, in: Jan Gympel, *Geschichte der Architektur*, Köln 1996
8–9   Rafael Moneo: Rathaus Murcia, Spanien, in: *Bauen mit Naturstein*, Nr. 6, 1999
10   Erwin Heerich: Studie (ca. 1998), Fotokopie aus dem Atelier Heerich

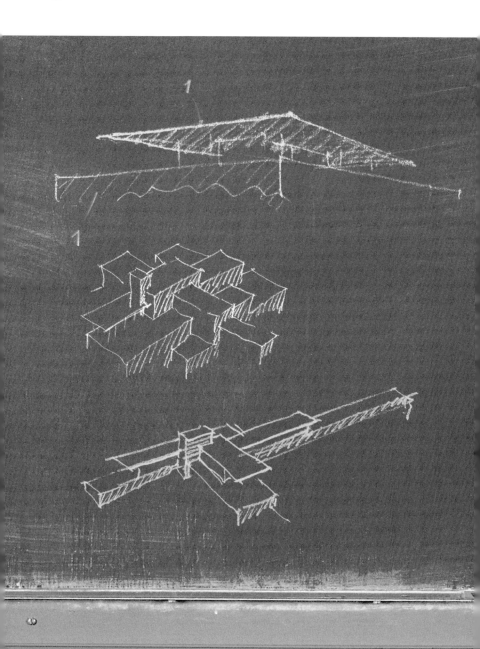

5 Kompositionsformen: Verdichtung, Vervielfachung

5.1 Anhäufung, Verdichtung

Diese Aktion ist eigentlich nichts anderes als ein wohlausgewogenes Stapeln in mehrere Richtungen, vor allem in die Breite und Weite. Dabei wird schrittweise immer angebaut: An das Stammhaus kommt zum Beispiel ein Seitenflügel, an diesen wird wiederum ein Trakt angehängt und so weiter. Wir haben das ja schon im Zusammenhang mit dem additiven, von Dächern (oder Gewölben) bestimmten Grundriß gesehen. Das Bauwerk wächst in der Fläche wie ein Baum, freilich nicht so rund und organisch, sondern aus Vierecken und Lotrechten – beim Bauen aus den schon besprochenen Gründen fast unvermeidlich. Oft gibt es ein Wachstumszentrum, einen Turm, oder sonst eine markante und gewichtige Stelle, von der aus sich dieser Anbauprozeß in Gang setzt. Man kann diesen Ort auch als Kristallisationspunkt sehen, *auf den hin* sich die Teile von außen zubewegen wie die Schafe einer Herde auf ihren Hirten. Welche Richtung man auch annimmt: Man hat

1/2

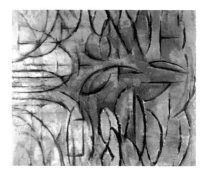

immer diese zwei notwendigen Voraussetzungen: das Wachstums- (oder Verdichtungs-) Zentrum und – wenn möglich – den weiten, leeren Raum. Die addierten Teile werden zwangsläufig, je später sie hinzugefügt werden, buchstäblich untergeordneter, niedriger. Denn ein Anbau kann eigentlich nicht höher sein als der Bau, an den er anschließt. So haben wir also ein zu den Rändern hin abfallendes, flacher werdendes Gewächs aus viereckigen Baukörpern vor uns: eine sehr malerische Anlage wie ein um eine hoch aufragende Kirche gruppiertes und ganz und gar aneinandergebautes Dorf. Und diese Figur hat nichts um sich herum als einen leeren, wilden Raum, in den sie hineinwächst. Sie ist ein ausgesprochener Solitär, und sie wird „von innen nach außen entworfen" – so wie unsere Lehrer in den fünfziger und sechziger Jahren es immer von uns gefordert haben. Ja, sie ist in Wahrheit, wenn ihre angebauten Teile zu Organen eines größeren baulichen Organismus ausgeformt werden, *die* Idealmethode funktionalistischen Entwerfens, „pittoresk", wie Le Corbusier sie später genannt hat. Aber anfänglich ist sie nur als dieses sich in den weiten Raum ausbreitende „Hausgewächs" aufgetreten.

In der bildenden Kunst ist ein vergleichbares Verfahren zuerst durch Piet Mondrian entwickelt worden, dessen Vorlage anfangs und, wie man hier sieht, sicher nicht zufällig ein großer Apfelbaum war (1/2). Mondrians Bilder wurden rasch architektonischer und entwickelten bald die großen Geraden, die für dieses raumgreifende Verfahren immer wichtig sind (3). Sie strecken sich vom Wachstumszentrum in die weite Ebene hinein, von wo sie die „Herde" der Häuser um den Wächter in ihrem Zentrum versammeln. Diese Strategie ist jedoch nicht unbedingt eine Errungenschaft der klassischen Moderne. Die gleiche Strategie wandten die Barockbaumeister

3

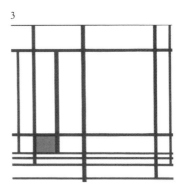

auch an, um den weiten Raum zu beherrschen, nur mit einem nicht unwesentlichen Unterschied: sie entwickelten die raumgreifenden Figuren achsensymmetrisch. Gerade Alleen und lange Mauern spannen die große Fläche auf, über die sich dann der Herrensitz erhebt. Ohne Achsensymmetrie ist dieses Verfahren zwar viel ziviler, aber nicht anders. Immer die Ausstrahlung in die Weite! Man stelle sich diesen Trickfilm vor: Aus der Weite der Prärie „fahren" einige Dächer und langgestreckte Mauern zusammen, nicht punktgenau auf das Zentrum, sondern leicht seitlich daran vorbei, und nicht aus allen, sondern nur aus den vier Hauptrichtungen. Die Wände, die Räume und Zwischenräume verdichten sich dabei zu einer Mitte hin, bilden Plateaus, schieben sich dabei an- und übereinander. Im Schwerpunkt des entstehenden rechtwinkligen Clusters, der kubischen „Herde", *steht* eine Figur – unbeweglich und kubisch: ein großer Kamin. Nun? Sie werden unschwer in dieser Architektur eines der Prairie-Häuser Frank Lloyd Wrights entdecken. Der seinerseits war wohl durch alte japanische Holzschnitte beeindruckt. Sehen wir uns Franks Entwurf für die Fenster-Verglasungen in einem dieser Prairie-Häuser, im Avery-Coonley-House von 1907 an (4): Hier zeigt sich die innere Verwandtschaft zu den Bildern Mondrians! Und dies ist nur ein Beispiel von vielen! Denkt man sich diese Figuren isometrisch und etwas kubischer, kommt man zu den Entwürfen Kasimir Malewitschs und Cornelis van Eesterens aus den frühen zwanziger Jahren.

Als Frank Lloyd Wrights Prärie-Haus-Entwürfe 1909 bei Wasmuth in Deutschland erschienen, stießen sie hier auf ein großes Echo bei den Architekten, besonders beim jungen Mies, dessen Entwürfe für Villen nun auch die „wilde Weite" kontrastieren, in die sie sich hineinentwickeln, mit lang gestreckten Sockel-Plattformen die Unebenheiten des naturwüchsigen Ter-

4/5

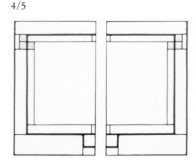
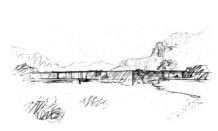

rains ausgleichend. Man beachte den Kontrast der wilden alpinen Linien zu den gestreckten Geraden in der Skizze für die Villa in den Alpen (5). Und auch den „Hirten" finden wir in den Entwürfen, in denen er diese Strategie weiterentwickelt hat, immer wieder.

Für diese Strategie ist jedenfalls zu Anfang – wie bei den Bildern Mondrians – der rechte Winkel ganz wichtig. Warum? Gut ist es, sich hierzu eine schiefwinklige Verdichtung anzusehen: Versuchsweise zeichnen wir das Coonley-Haus von Frank Lloyd Wright schiefwinklig. Es fällt nicht schwer zu erkennen, daß sich die einzelnen Trakte jetzt stark verselbständigen und so einen Haufen von zu einem Zentrum hin sich verdichtenden oder aber von einem Zentrum aus explodierenden Einzelteilen bilden. Während sich in der rechtwinkligen Form der Raum insgesamt verdichtet, Räume mit Zwischenräumen verschränkt sind, handelt es sich jetzt um eine Art Begegnung freier Volumen oder – wenn wir die Bewegungsrichtung andersherum denken – um eine dramatische Explosion von Einzelteilen aus einem Zentrum. Statt Mondrian also eher Malewitsch (6). Diese andere, freie Form ist in der klassischen Moderne nicht angewandt worden. Sie taucht eigentlich erst in der Postmoderne auf. Das rechtwinklig, auf den Plänen schachbrettartig gerasterte Terrain, auf dem jeder Punkt alphanumerisch kodiert werden kann, ist offenbar

6

die ideale Raumkategorie der Moderne gewesen, auf dem die Räume und Trakte einfach und unkompliziert wie auf einer militärischen Landkarte in eine funktionale Beziehung zueinander gebracht werden konnten: Universitäten ebenso wie Krankenhäuser, Kasernen, Siedlungen oder Zwangslager – immer erscheint die Natur ringsum als Wildnis, als ungeordnetes Nichts, das bestenfalls als schöne Aussicht, friedliche Natur und Freizeitumgebung konsumiert wird. Die Natur ist sozusagen der schöne und unbegrenzte Rest, das wilde, schöne Gegenteil von Kultur und Zivilisation, mit dem die Architektur keinerlei konkreten Zusammenhang hat.

Ich halte mich nicht lange bei dieser „pittoresken" Kompositionsform auf, obwohl oder gerade weil sie große Wirkung besonders auf den Nachkriegs-Funktionalismus gehabt hat, dem es immer darum ging, von innen, von den privaten Ansprüchen des Grundstücks her, nach außen in den öffentlichen Raum hinein (und fast immer auf dessen Kosten) zu entwerfen. Darauf werde ich in anderem Zusammenhang noch einmal zurückkommen. Jedenfalls kann man sagen, daß diese Entwurfsweise eigentlich stadtfeindlich ist und dazu neigt, sich die „wilde Weite" wenigstens als Park selbst herzustellen und sich die Stadt buchstäblich vom Leibe zu halten.

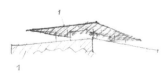

Frank Lloyd Wrights Prairiehäuser, besonders das Robie House in Chicago, waren mit einer Figur verbunden, die wir uns merken sollten, und die wir uns genauer ansehen wollen: dem fliegenden, schattenwerfenden Dach über dem Sockel (7). Beide Teile dieser Konfiguration sind sozusagen gleichwertig. Weder *bestimmt* das Dach den Sockel und dessen Form noch umgekehrt. Aber beide Teile sind in ihrer Gegensätzlichkeit aufeinander bezogen. Daraus erwächst die große Faszination, die diese Figur noch heute auf die Betrachter ausübt. Ganz wichtig dabei die diagonalen, bugförmigen und weitgehend verglasten Giebelfassaden, die sich völlig frei machen von der Geometrie des Sockels, so daß der Sockel in keiner Weise das Dach bestimmt, das er doch trägt: das Dach fliegt. Diese Figur hat Mies dann zwanzig Jahre später im Barcelona-Pavillon sozusagen in eine abstrakte Idealform gebracht. Ein massiver Sockel, der durch eine breite Sockeltreppe parallel zu einer seiner Längskanten erschlossen wird – und darüber die glatte, von keinerlei sichtbarem Tragwerk zergliederte Dachplatte. Das war ja damals etwas noch nie Gesehenes! Einfach ein fliegendes, glattes Rechteck – unglaublich! Man war ja noch eher an Gewölbe gewöhnt, handwerklich aufwendige, hölzerne Tragwerke oder wenigstens schwere Balkenlagen. Hier nun nichts weiter als diese abstrakte, glatte, schwebende Platte (eigentlich eine unterseits mit Drahtgewebeputz verkleidete Konstruktion aus weitspannenden Stahlträgern) über kaum sichtbaren, chromblech-verkleideten Stützen! Eine Variante dieser bestechend schönen Kompositionsfigur, die Villa Tugendhat in Brünn, war zwar ein ähnlicher Erfolg, ist aber unentschieden zwischen dem Konzept eines terrassierten Kubus und dieser Dach-Sockel-Figur. Man kann die schwebende Platte schließlich nicht zweimal aufeinanderstellen und schon gar nicht Wandscheiben und Möbel daraufstellen! Und deshalb mußte sich hier der Sockel unten, wenn dieser Raum auch zwischen Sockel und Platte fließen sollte, wieder „irgendwie" in eine schwebende Dachplatte verwandeln.

Vor knapp zwanzig Jahren habe ich in einem Vortrag[1] erzählt, wie ich 1967, bei der hydraulischen Anhebung des Daches der großen Nationalgalerie in Berlin, von deren Baustelle ja anfangs schon ein mal die Rede war, wie ich an diesem Tag mit Mies, nachdem ich ihn portraitiert hatte, im Senats-Mercedes unter dem erst halb angehobenen Dach sitzend, diese Kritik an der Tugendhat-Villa (8/9) diskutiert habe: Die Interieurs, hatte ich gesagt, seien ja sehr schön, aber die Komposition doch sehr unentschieden (10/11). Ein „Barcelona-Pavillon" in einem Barcelona-Sockel! Mies hörte sich das alles gnädig an – und widersprach nicht. Es schien fast, daß er froh war, ausgerechnet hier, wo die Polizei ihm das neugierige Publikum hinter eigens aufgestellten Barrieren auf große Distanz hielt – ich war nur durch die Polizeisperre gekommen, weil ich mich mit starkem amerikanischen Akzent als sein Mitarbeiter ausgegeben hatte –, also ausgerechnet hier jemanden zu treffen, der ganz unbefangen seine Architektur kritisierte. Jedenfalls bot er mir sogar eine Havanna an, während er sich selbst eine ansteckte. Ich müßte bedenken, sagte er, in welcher Zeit

7

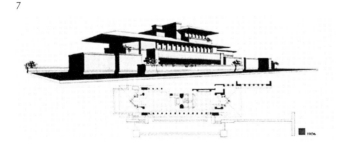

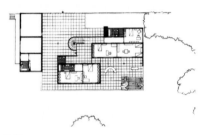

8–11

er das gemacht habe. Er hätte doch damals kaum Aufträge gehabt! „Und die Grete [Tugendhat] wollte so einen großen Raum! Das Gelände fiel ja von der Straße steil ab. Deshalb mußte der Sockel das Hauptgeschoß werden." – „Klar", sagte ich. „Und mit der abwärts gewendelten Treppe haben Sie dann sozusagen Blinde Kuh mit den Leuten gespielt: Wenn die Drehung aufhört, nehmen Sie ihnen die Augenbinde ab und sie finden sich unversehens auf dem Sockel *unter* der schwebenden Dachplatte in einem Barcelona-Pavillon wieder." – „Richtig! Das war der Kompromiß. Und von dort kam man über die gleiche seitlich angefügte Sockeltreppe wie beim Pavillon zum Garten runter. Aber der Barcelona-Pavillon war nicht das Vorbild. Das wird oft behauptet. Den zeichneten wir ja in der gleichen Zeit, übrigens da drüben", sagte er und zeigte über die Schulter auf die Häuser auf der anderen Seite des Landwehrkanals. „Ich weiß", sagte ich, „Sie hatten da drüben Ihr Atelier – mit Hugo Häring!" „Richtig. Aber Sie haben recht", sagte er, und zog an seiner Montecristo, „der Pavillon wurde besser. Da hatten wir ja auch einfachere Bedingungen." Nach einer Pause fuhr er fort: „Aber wenn der Tugendhat länger auf seinen Türlöchern bestanden hätte, hätte ich nicht gebaut."

12

„Wollte der Ihre raumhohen Türen nicht?" fragte ich. „Der wollte die Löcher, weil er meinte, die langen Blätter würden sich werfen." „Und Sie, Sie hätten am liebsten nur offene Schlitze zwischen Decke und Sockel gelassen!"[2] Meine studentischen Zuhörer waren natürlich sehr beeindruckt, bis ich schließlich – ganz am Ende meiner erstaunlichen Erzählung – gebeichtet habe, daß „das Gespräch" eigentlich doch sehr kurz gewesen war: Ich hatte nämlich *in Wirklichkeit* draußen *vor* dem Mercedes gestanden, in dem er saß, während ich ihn mit seiner Montecristo porträtierte, und er hatte *eigentlich* nur ein einziges Wort gesagt, und das auch noch ziemlich barsch, nämlich: „Bleistift!" Und ich hatte ihm zuvor meine kleine Zeichnung ins Auto gereicht und gefragt, ob er mir unterschreiben könne, daß er das sei (12).

Die Nationalgalerie war jedenfalls nach dem Vorläuferentwurf für die Rum-Firma Baccardi in Santiago de Cuba, der wegen der kubanischen Revolution nicht mehr verwirklicht werden konnte, nach 35 Jahren das erste Mal, daß Mies auf das Konzept *Sockel-Dach* zurückkam. Das war immerhin schon stark: Erst Verwaltung für den Rum-Hersteller, dann Nationalgalerie! Und im Entwurf für Kuba wie in dem für Berlin findet das Eigentliche im Keller, nämlich im hohlen Sockel statt! Darüber nur ein „Tempel"!

Mir scheint, daß Le Corbusiers Ronchamp-Kapelle, fünfzehn Jahre vor der Nationalgalerie gebaut, eine für diesen Architekten typische Umformung jener Konfiguration aus Dach und Sockel in ein kraftvolles Barock ist. Wir haben dort alle Elemente: den weiten Landschaftsraum; den (natürlichen)

Sockel in Gestalt eines Hochplateaus; das – zum Tal hin – schattenwerfende große Dach, das hier freilich nicht als fliegende Platte, sondern als nach oben geöffnete fliegende Schale oder Muschel ausgeformt ist, und die sich darunter frei bewegenden Teile, die hier allerdings an der Bergseite bestimmende Primärform werden. Während die Wände und Terrassen bei Wright und Mies auf einem Koordinatensystem „fahren", bewegen sie sich bei Le Corbusier in dramatischen Kurven und kommen schließlich an der Bergseite zum Stehen. Die Rollen von Primär- und Sekundärform werden dabei zum Teil vertauscht. Die stehenden Figuren unter und an dem Dach sind sehr stark und autonom. Beide Teile, Dach und Wände, bestimmen einander gegenseitig – wie in der polyphonen Musik des Barock.

Vielleicht ist diese Interpretation ja auch gewagt, aber es ist wenigstens eine: das heißt, die Figur ist „dekomponierbar", lesbar. Und um ein solches kompositorisches Verstehen geht es hier. Schauen wir in die Gegenwart: Derzeit feiert diese Konfiguration als banales Moderezept schon zum zweiten Mal fröhliche Urständ, mit dem unter einem Flugdach etwas eingezogenen Obergeschoß. Diese banale Mode hatten wir schon einmal in den fünfziger Jahren. Auf jedem Versicherungsgebäude gab es den unter einem Flugdach eingeschobenen Konferenzsaal. Heute sind es zuweilen sogar die gleichen Grundrisse, die im obersten Geschoß unter dem Flugdach nur etwas eingeschnürt werden. So wird eine schöne Figur modisch totgeritten.

5.2 Vervielfachung, Offenheit

Von dieser Kompositionsart war ja in der vorletzten Lektion – im Zusammenhang mit den „Bäumen" und „Gittern" und der dezentralen Organisation – schon die Rede. Es ist dabei fast wie beim Stricken: Zuerst wird ein Knoten geflochten, und dann wird dieser nach dem immer gleichen „Strickmuster" vervielfacht, multipliziert. Dabei ist wichtig, daß jeder Raum-Knoten sozusagen autark ist und auch für sich existieren könnte. So entsteht eine Kette oder ein Gewebe aus immer gleichen, autarken Teilen, wobei diese verketteten Teile immer die eigentlichen Nutzräume sind. Der Entwurf entsteht also nicht in großen Umrissen, nicht als Großform, sondern durch die Entwicklung eines Raumknotens, der auf die verschiedenen Ansprüche, die die Aufgabe stellt, oder die sich in Zukunft noch

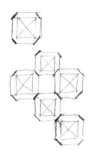

einstellen könnten, durch die unterschiedliche Ausformung seiner Sekundärelemente reagieren kann. Große, das Gebäude zur Einheit verbindende Teile, zentrale Rückgrate, fehlen ganz. Nur die Ähnlichkeit bringt durch stete Wiederholung – so wie hier in Piet Blohms wunderbarer Kasbah (13) – einen Zusammenhang in dieses Agglomerat multiplizierter Teile.

Diese anarchistische Strategie beim Entwurf einer Großverwaltung anzuwenden, mußte darum zu so etwas wie einer Revolution werden. Denn es bedeutete ja, die baumartige Befehlsstruktur, die „Linie", zugunsten eines Gitters mit einer Art Stabstruktur aufzugeben, das Firmen-„Schloß" in einen Firmen-„Campus" zu verwandeln, jedenfalls eine vollständige Umkrempelung der gesamten Verwaltung. Und tatsächlich gelang ein solches Experiment Anfang der siebziger Jahre im holländischen Appeldoorn. Bauherr war ein großes Versicherungsunternehmen, der Architekt war Herman Hertzberger, einer der schon erwähnten Strukturalisten um den Delfter Architekturlehrer Aldo van Eyck. Hertzberger, ein geistsprühender Holländer mit Entertainerqualitäten, schaffte es, den Bauherrn von der Kreativität und Produktivität einer solchen Gitterstruktur zu überzeugen, und so hatte man dort schon Anfang der siebziger Jahre ein realisiertes Beispiel für ein Bürogebäude, das unseren damaligen Vorstellungen von unbürokratischer und emanzipierter Verwaltungsarbeit ideal entsprach und zudem auch architektonisch überzeugte. Als wir 1975 den Wettbewerb für die Landeszentralbank in Frankfurt vorbereiteten, schlug ich natürlich

13

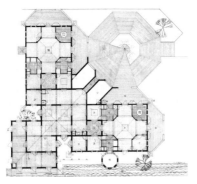 

14/15

Herman Hertzberger als Preisrichter vor, erhielt aber leider von ihm eine Absage, weshalb es dann auf seinen Vorschlag hin Jan Verhoeven wurde, in dessen gastlicher Wohnung aus vielen gleichen Zeltdachhäusern und kleinen zwischengeschalteten Höfen man das Haus und den Wohnraum am ehesten dadurch findet, daß man einfach dem Kaffeeduft folgt (14/15). Aber ich muß hier einen kleinen Exkurs machen, um unser Wettbewerbsverfahren zu erklären, weil es ein Beispiel für die gleiche Ambition ist, nämlich die Selbsttätigkeit und Emanzipation der Benutzer von Architektur zu befördern. Ein Verfahren übrigens, das nur damals zweimal eingesetzt wurde und auf das man, nachdem die Widerstände in der Architektenkammer dagegen längst überholt sein sollten, eigentlich wieder zurückkommen sollte. Es geht hierbei darum, die vielen eingehenden Entwürfe nicht dafür zu mißbrauchen, nur eben einen für die Ausführung herauszupicken, sondern die ganze „Entwurfsmenge" zu nutzen, um erst einmal das Reich der Möglichkeiten systematisch auszuloten, so daß man dann politisch – und nicht bloß fachlich – entscheiden kann, was man eigentlich will. Die Öffentlichkeit/der Bauherr soll erst einmal das Problem und seine Lösungsmöglichkeiten kennenlernen. Dazu werden die Entwürfe, die nur sehr knapp als Konzeptskizze abgefragt werden, nach ihrer Formverwandtschaft sortiert. Die Öffentlichkeit bekommt jetzt nicht „den besten Entwurf" präsentiert, sondern etwa sieben Lösungstypen, die gerade durch die Menge veranschaulichen, welche Vorteile immer wieder mit welchen Nachteilen erkauft werden müssen.[3] Nikola Dischkoff und ich hatten dieses Verfahren eigentlich für städteplanerische Wettbewerbe entwickelt. Unser damals viel diskutiertes Modell muß dem Baudirektor

98

16/17

der Landeszentralbank so eingeleuchtet haben, daß er uns beauftragte, den Wettbewerb für die große neue Frankfurter Landeszentralbank nach diesem Verfahren zu organisieren. Und dazu gehört auch, daß es ein Gremium gibt, das die „Problemöffentlichkeit", wie wir das nannten, möglichst gut repräsentiert und dann mit den Fachpreisrichtern gemeinsam entscheidet. Die Bank stellte also eine Gruppe mit Vertretern aller Abteilungen und aller Hierarchiestufen zusammen, und dieses Gremium luden wir nun zu einer Rundfahrt zu verschiedenen neueren Verwaltungsgebäuden ein, zur Einstimmung sozusagen. Unser letzter Programmpunkt und Höhepunkt war natürlich – das Verwaltungsgebäude in Appeldoorn.

Das Versicherungsgebäude zeichnete sich ja schon dadurch aus, daß man als neugieriger Besucher nicht sehen konnte, wo es denn nun rein geht. Es gab keinen großen, repräsentativen Eingang. Man kam von verschiedenen Seiten – wie in eine Stadt. Und diese „Stadt" war eine Ansammlung immer gleicher Raumknoten, die auf unterschiedlichste Weise auf die jeweiligen Anforderungen reagieren können (16/17). In den „Straßen" stehen denn auch die gleichen Telefonzellen, wie sie auch in den Straßen der holländischen Kleinstadt stehen, und es gibt – wie dort – Cafés und andere Treffpunkte. Ein zweifellos vom Standpunkt effektiver Kontrolle aus sehr schwach organisiertes Gebäude und somit alles andere als eine „Anstalt"; ein Gebäude, das gerade darum eine ganz eigentümlich lebendige und wohnliche Atmosphäre entwickeln konnte. Konsequenterweise konnten die Angestellten ihre Möbel selbst besorgen, sich nach eigenem Gusto in ihrer Nische einrichten (18/19). Das Unternehmen als zentrale Organisation stellte sich ganz in den Hintergrund; der Betrieb als Über-

Ich war jedenfalls in diesem Gebäude nur in der Gesamtheit der identischen Teile, nicht aber in den Arbeitsnischen präsent. Die Organisation des Gebäudes war – mit Christopher Alexanders Begriffen – ein Gitter und kein Baum, und war seinem Titel *A City is not a tree* auf der Ebene von Gebäuden nachgebildet. Ich finde das Adjektiv „demokratisch" für irgendeine Architektur zwar immer etwas kitschig, in diesem Fall aber macht es ausnahmsweise Sinn, wegen der sehr offenen Struktur und der schlechten Kontrolle. Der Korridor, immer der deutlichste Ausdruck bürokratischer Zentralität, ist aufgelöst, ist zum Zwischenraum zwischen einzelnen „Adressen" geworden, die in einer mehrfach „vergitterten" Beziehung zueinander stehen wie die Häuser einer Stadt. Wir kamen also nach längerer Anreise mit den „Zentralbänkern" durch einen dieser vielen Zugänge vom Parkhaus her und waren plötzlich mittendrin. Und unversehens standen wir da in irgendeiner Arbeitsnische, deren „Bewohner" gerade nicht da war. Und während sich noch die Damen und Herren in dem nicht gerade aufgeräumten Raum mit den Wänden aus großformatigen rohen Betonsteinen und der mit Holzwollzement-Platten verkleideten Decke etwas irritiert umsahen, begannen plötzlich die Computerausdrucke auf dem Schreibtisch sich wie von selbst zu bewegen. Alle starrten wie gebannt auf diese geheimnisvoll wackelnden Papiere, bis schließlich die Ursache ans Licht kam: ein kleiner Goldhamster. Das war zu viel. Die Banker wollten von mir wissen, wozu sie

18/19

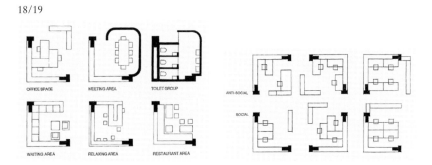

den weiten Weg hierher hätten machen müssen, wo „die Hamster über die Schreibtische marschieren". Doch andere aus der Gruppe hatten die Herausforderung dieses Gebäudes verstanden. Und so begann plötzlich eine Diskussion, die uns zeigte, daß wir schon eine Menge erreicht hatten. Eine Diskussion, die aber auch demonstrierte, welche wunderbare Provokation dieses Gebäude war. Jedenfalls zeigte sich, als wir dann später unseren Testentwurf (20/21) – er ist ein fester Bestandteil dieses Wettbewerbsverfahrens – mit ziemlich gemischten Gefühlen vorstellten, daß unsere Exkursion nach Holland die richtige Vorbereitung gewesen war. Denn zu unserer Überraschung war die Zustimmung so groß, daß sogar der Vorschlag gemacht wurde, man sollte doch auf den Wettbewerb verzichten und einfach diesen Testentwurf bauen.[4] Dieser Entwurf ist in diesem Zusammenhang auch darum interessant, weil er zwei damals anscheinend völlig unvereinbare Architekturtendenzen ganz unbefangen in Verbindung brachte: den Neo-Rationalismus und den Strukturalismus. Die unteren Bankgeschosse waren – natürlich – sozusagen rationalistisch: Kontrolle, Haupteingang, gesicherte Grenzen und so weiter, die oberen Verwaltungsgeschosse aber strukturalistisch.
Die große Qualität dieser Vervielfachung kommt nämlich viel besser zum Vorschein, wenn man sie von ihrer ideologischen Ausschließlichkeit befreit und darunter einfach eine Methode unter vielen versteht. Denn in seiner Ausschließlichkeit hatte der Strukturalismus auch etwas Starres, Ideolo-

20/21

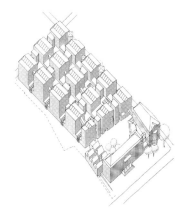

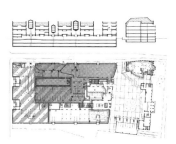

gisches, vor allem in seinen Begründungen. Die Strukturalisten hofften ja im Gefolge von Lévi-Strauss und Roland Barthes, hinter den lokalen und historischen Gewohnheiten die verbindenden Grundmuster, die Patterns, zu finden – ganz analog zu der strukturalen Linguistik, die in der gleichen Zeit große Erfolge in der Aufdeckung einer transkulturellen Grammatik hatte (Noam Chomsky). Irgendwelche Siedlungsformen der Dogon oder der Mayas mußten dazu herhalten, bestimmte transkulturelle Grundmuster zu belegen, bestimmte Strukturen, in denen Menschen das Wohnen organisieren. Aber wie man auch immer dazu steht: Diese auf Holland beschränkte Architektur und vor allem dieses Verwaltungsgebäude in Appeldoorn war – noch vor der „Kreuzberger Mischung" und der oft nur rhetorischen Mobilisierung des Chaos durch den architektonischen Dekonstruktivismus – die erste durchaus überzeugende Alternative zum üblichen Funktionalismus, der mit einemmal daneben sehr ärmlich und bürokratisch wirkte. Nur wurde daraus zu schnell ein neuer Ismus, was dann ganz gegen die Offenheit des Verfahrens war, allzu einseitig und manieriert. Immer alles und jedes in dieser Art anzugehen und selbst Konzertsäle mit dieser Multiplikation zu „stricken", hat dann wohl auch zu der plötzlichen Abkehr geführt, dazu, daß selbst dort, wo sie paßte, die Methode kaum noch angewandt wurde. Auch was unsere Landeszentralbank und ihren Aufbruch zur Demokratisierung der Arbeitsplätze angeht, ist von diesem Anfang schon beim nachfolgenden Realisierungswettbewerb nicht viel übrig geblieben. Und da dieser Aufbruch auch in Holland seinen Schwung verlor, ist das, was dann gebaut worden ist, doch sehr weit weg von Hertzbergers „Centraal Beheer". Und die optimistischen Ansätze dieses Wettbewerbs sind dann doch der folgenden Mode von postmoderner Art déco zum Opfer gefallen. Und inzwischen hat sich auch das holländische Weltwunder des Verwaltungsbaus wieder etwas zurückentwickelt: Es hat ein großes, repräsentatives Eingangsgebäude erhalten. Architekt: Herman Hertzberger. Als ich es sah, habe ich gedacht, es wäre doch besser gewesen, Hertzberger hätte diesen Anbau einem Jüngeren überlassen. Nicht, weil ich etwas gegen sein Design oder solche Kompromisse hätte. Aber historische Widersprüche und Brüche sollten als solche auch erkennbar sein.

Halten wir fest: Während bei der Addition immer das eine Teil das nächste bestimmt, sind die Teile bei dieser „Multiplikation" identisch. Zwar gibt es innerhalb der Komponenten deutlich untergeordnete Strukturen, aber zwischen den Primärteilen fehlen solche Abhängigkeiten. Jedes ist ein autarkes oder autonomes Teil – wie das einzelne Haus einer Stadt, die nach dem immer gleichen Muster gewachsen ist, wobei die Zwischenräume ein dichtes Erschließungsnetz bilden. Die allgemeinen, die Verkehrsflächen aufnehmenden Erschließungsräume sind hier bloße Zwischenräume, Gassen und nicht grandiose Hallen wie so oft bei den Rationalisten.

Wir haben diesen Aspekt ja schon einmal besprochen, als es um die mehr oder weniger redundanten Erschließungen ging, um das, was wir die „organisatorische Superierung" genannt haben. Jedenfalls sollten wir hier fürs erste diesen Gegensatz festhalten:

Baum – Gitter
zentral – dezentral
Betonung der …
Verkehrsflächen – Nutzflächen
Großform, klare Grenze – offen, unfertig

Ich finde es immer traurig, wenn Kollegen sich über Umbauten und Ergänzungen beschweren, die Bewohner an den von ihnen entworfenen Reihenhäusern vornehmen. Eine Reihenhauskette *ist* eine solche Vervielfachung in einer Richtung. Architektonisch ist dabei wichtig, daß es eine immer gleiche Primärform gibt, die dann die verschiedensten Sekundärformen aufnehmen kann. Wenn ihre Reihenhausentwürfe solche Veränderun-

gen nicht vertragen, sind sie kompositorisch schwach, oder die Architekten haben die konzeptionelle Chance gar nicht verstanden, die in der Reihung liegt. Sie ist doch gerade darauf angelegt, daß sich die Häuser weiter entwickeln. Entwerfen ist hier so etwas wie ein Abhören des Materials, sehr passiv, sehr hinhörend. Es geht darum, möglichst viel für die spontane Phantasie der Bewohner offen zu halten. Nicht zufällig war der erste strukturalistische Bau eben ein Kindergarten. Aber es ist auch nicht einzusehen, warum Spontaneität auf Kinder beschränkt bleiben sollte. Gerade wegen der immer schneller wechselnden Ansprüche und Gebrauchsanforderungen wird es zunehmend wichtiger, Gebäude „strukturalistisch" vorzudenken und offen zu halten. Sie müssen vieles können und vieles vertragen, wenn sie nicht allzu bald neuen Projekten weichen sollen.

Ich will diese Lektion nicht abschließen, ohne nicht wenigstens noch von einem Architekten gesprochen zu haben, der wie kein anderer dieses Abhören auf vielseitige Brauchbarkeiten betrieben hat, und der deshalb hierzulande eigentlich der einzige Strukturalist war, obwohl er heftig und mit

Recht protestieren würde, wollte man ihn in diese Schublade stecken. Ich meine Ludwig Leo. Leo verlangt viel von seinen Bauten (und von ihren Benutzern): bei ihm geht es nicht nur um die entwurfliche Potenz einer Struktur, ihre virtuellen Zustände, sondern auch um ihre reale Beweglichkeit. Seine Bauten haben oft darüber hinaus mechanische Potenzen. Es gibt kaum einen Bau von ihm, der – über die üblichen beweglichen Elemente Türen und Fenster hinaus – nicht einige bewegliche Glieder hätte. Für ihn war es bei dem Wettbewerb um das Technik III-Gebäude der Universität in Kassel, den er in und mit unserem Büro zeichnete, ganz klar, daß es für die Straßenbahn befahrbar sein mußte: „Wenn die schon eine Bahn in der großen Versuchshalle wollen, dann sollen sie die Spurbreite der Kasseler Straßenbahn angleichen!" Als wir verdutzt fragten, wozu das gut sein sollte, malte er sofort aus, wie hier von Doktoranden gefertigte Maschinen durch die Stadt gezogen und der Bevölkerung gezeigt werden könnten! Und er wurde ziemlich böse, als wir die Realisierbarkeit eines solchen Vorhabens bezweifelten. Aber diese Art des Denkens ist hier entscheidend: Ist eine Struktur beweglich – wie die hier für das große Labor geforderten Fahrbühnen –, dann wird sogar auch noch diese Beweglichkeit auf ihre Möglichkeiten abgeklopft. Wir sprachen schon davon: Immer gilt es, die strukturelle Potenz zu prüfen, um sie voll auszunutzen. Warum sind unsere Bauten so starr und immobil in dieser sonst doch so mobilen Gesellschaft? Die meisten kinetischen Einbauten sind, glaube ich, unbenutzt, auch die witzige Klapptribüne in Leos DLRG-Turm. Dieser selbst ist ja eine Bootsabstell-Maschine, die immerhin lange im Einsatz war. Die Wettbewerbsteilnehmer sollten eigentlich nur einen Bootshafen und einen Beobachtungsturm zeichnen. Nur jemand wie Leo konnte auf die Idee kommen, den Hafen in die Höhe zu klappen und einen Turm mit Tauchschacht, Beobachtungs-Warte und Bootsliegeplätzen daraus zu machen (23/24). Mit nicht endender Geduld fragt er eine gezeichnete Struktur nach den ihr innewohnenden Potenzen ab. Manchmal geht der „Gebrauchsfunktionalismus" auch mit

22

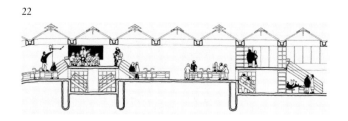

ihm durch. Er verlangt dann zu viel von seinen Bauten. Aber die Haltung ist dennoch richtig: Immer die Figur zu befragen, was sie womöglich noch sein oder leisten könnte: Vorausdenken, wie und wofür sie alles genutzt werden könnte. Leos Entwurf für die Versuchsschule in Bielefeld ist leider nicht verwirklicht worden. Ein großer Verlust für die architektonische Kultur hierzulande. Es wäre sicher so etwas wie Hertzbergers „Centraal Beheer" in Deutschland geworden: eine Expedition in die Zukunft (22).

23/24

Anmerkungen

1   „Mies' Rückkehr nach Berlin 1965 – zu einem alten Konzept", Vortrag in der Reihe:
    „Die Nachkriegsmoderne und ihre Kritiker", Gesamthochschule Kassel 1992
2   Inzwischen gibt es eine ausführliche Darstellung in: Hammer-Tugendhat/Tegethoff
    (Hg.): *Ludwig Mies van der Rohe: Das Haus Tugendhat*, Wien, Katalog der gleich-
    namigen Ausstellung, New York 1998
3   Über das Verfahren: Nikola Dischkoff, Michael Wilkens: „Einführung der Öffent-
    lichkeit beim Ideenwettbewerb – das Dietzenbacher Modell" in: *Bauwelt* 15, 1977,
    sowie: *„Der Planungswettbewerb als Mittel zu einer rationalen Planungsdebatte"*,
    in der Schriftenreihe *Stadtentwicklung* des Bundesministeriums für Raumordnung,
    Bauwesen und Städtebau, 1982
4   Festschrift für Peter Jockusch: „Über den Grauen Raum des Studienbereichs 1,
    Universität Gesamthochschule Kassel", über den nach diesem Verfahren durch-
    geführten Wettbewerb für die neue Landeszentralbank in Hessen, 1994

Bildlegenden

1   Piet Mondrian: Blühender Apfelbaum, 1912, Öl auf Leinwand, in:
       Mondrian – from figuration to abstraction, London 1988
2   Piet Mondrian: Studie von Bäumen I, 1912, Kohle auf Papier, in:
       Mondrian – from figuration to abstraction, London 1988
3   Piet Mondrian: Komposition mit Blau, 1937, Postkarte, Köln 1990
4   Frank Lloyd Wright: Avery Coonley House, Fensterentwurf, Illinois 1907–1908,
       in: *Frank Lloyd Wright*, Köln 1991
5   Mies van der Rohe: Haus in den Alpen, Projekt 1934, in:
       Mondrian – from figuration to abstraction, London 1988, Abb. 6
6   Kazimir Malewich: *Yellow and Black* (Supremus No. 58) 1916, Öl auf Leinwand,
       in: Jeanne D'Andrea (Hg.), *Kazimir Malewich 1878–1935*, Los Angeles 1990
7   Frank Lloyd Wright: Robie House, in: *Frank Lloyd Wright*, Köln 1991
8   Mies van der Rohe: Haus Tugendhat, Brno 1928–1930, Dachterrasse, Eingangs-
       bereich, in: Werner Blaser, *Mies van der Rohe*, Basel, Boston, Berlin 1997
9   Mies van der Rohe: Haus Tugendhat, Blick von Süd-Osten, in:
       Daniela Hammer-Tugendhat/Wolf Tegethoff (Hg.), *Ludwig Mies van der Rohe –
       Das Haus Tugendhat*, Wien 1998
10–11 Mies van der Rohe: Haus Tugendhat, Grundriß Obergeschoß, Erdgeschoß,
       in: Daniela Hammer-Tugendhat/Wolf Tegethoff (Hg.), *Ludwig Mies van der Rohe –
       Das Haus Tugendhat*, Wien 1998, Abb. 9
12   Ludwig Mies van der Rohe, Zeichnung des Autors, 5. April 1967
13   Piet Blom: Kasbah, Hengelo, Study ca. 1966, Design 1969–1971, Realisierung
       1972–1973, in: Wim J. van Heuvel, *Structuralism in Dutch Architecture*,
       Rotterdam 1992
14–15 Jan Verhoeven: Wohnhaus und Studio 1976, in: *Construire 98*, 1977
16–19 Herman Hertzberger: Head offices Centraal Beheer, Apeldoorn. Design 1967–1970,
       Realisierung 1970–1972, in: Herman Hertzberger, *Vom Bauen*, München 1995

20–21 Jockusch Monard Wilkens: Landeszentralbank von Hessen, Testentwurf 1978,
in: Fachbereich Architektur an der Universität Kassel (Hg.), *Festschrift für Peter Jockusch*, Kassel 1995
22–23 Ludwig Leo: Bootshaus in Berlin-Havel, Seeseite, Hebekonstruktion für die Boote,
in: *Werk, Bauen+Wohnen*, Nr. 1/2, Zürich 1995
24 Ludwig Leo: Laborschule Bielefeld 1971, in: *Bauwelt* 2, 1973

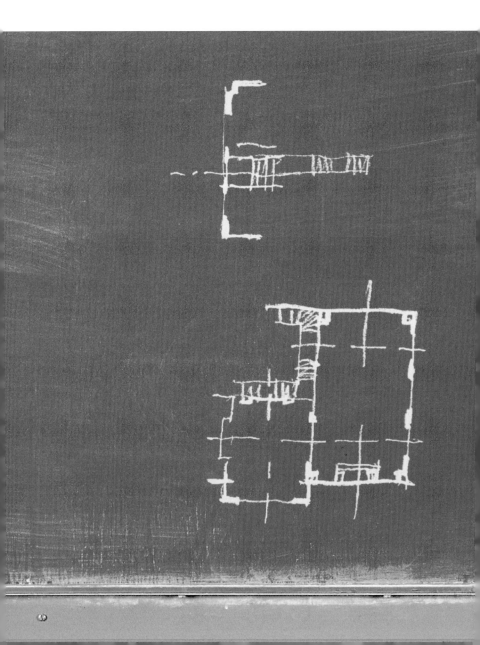

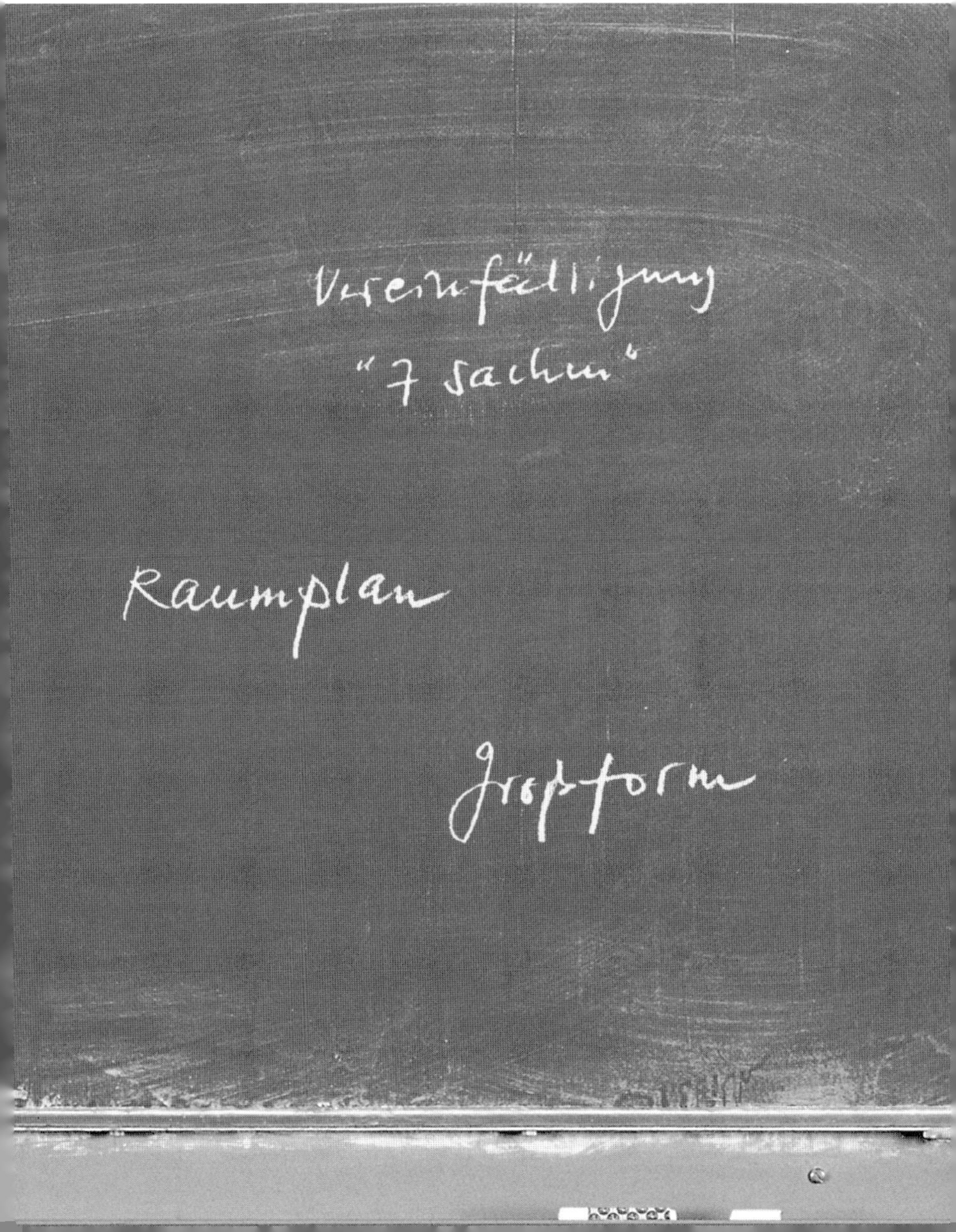

Vereinfältigung

"7 sachen"

Raumplan

gropform

6 Kompositionsformen:
Vereinfachen, Verkomplizieren nach innen

Die beiden Strategien, die ich jetzt besprechen will, sind wesentlich für die klassische Moderne gewesen und haben auch die Postmoderne lange beschäftigt. Dabei ist die erste, die Vereinfachung, im engeren Sinne eigentlich gar kein typisches Kompositionsverfahren, weshalb sie zuerst auch gar nicht in dieser Aufzählung vorkam. Dennoch scheint mir, daß die Reihe ohne sie nicht komplett ist. Denn bestimmte Bauten sind nur mit diesem Begriff zu beschreiben; wir müssen ihn zunächst einmal klären.

6.1 Vereinfachung, Vereinfältigung

Bei näherer Betrachtung zeigt sich bald, daß der Begriff Vereinfachung für unseren Zusammenhang allzu allgemein und unscharf ist. Was soll damit gemeint sein: Die Einfachheit der Stahlbauten Mies van der Rohes, die – wie jeder Konstrukteur weiß – alles andere als einfach herzustellen ist? Oder die Einfachheit hinsichtlich der Herstellung? Das kann heißen: einfach für jedermann handwerklich herzustellen oder einfach mit komplizierten industriellen Mitteln. Oder soll mit Vereinfachung das Weglassen von Ansprüchen gemeint sein? Die Darstellung eines „einfachen Lebens"? Mit Blick auf die anderen Verfahren scheint mir die folgende Definition praktisch: Unter Vereinfachung soll hier das Bestreben verstanden werden, die Komplexität einer entworfenen Form so weit wie möglich zu vernichten, also die Redundanz mit allen Mitteln, auch technisch aufwendigen, zu erhöhen. Wozu man sich der Geometrie *und* der Form-Vertrautheit (also der in unserer dritten Lektion besprochenen *geometrischen* und der *assoziativen* Redundanz) bedient und die Zahl der Teile möglichst reduziert, wenn möglich bis zur „Vereinfältigung", also bis dahin, wo alle wesentlichen Teile nur einmal oder zweimal vorkommen und zu einem Ganzen verschmelzen. Ein freistehendes Wohnhaus, mit dieser Strategie entworfen, wäre sozusagen ein „Ur-Haus": typische viereckige Form mit *vertrautem* Satteldach, wenige Räume in archaisch einfachem Grundriß mit wenigen Fenstern in schlichten vier Wänden aus *vertrauten Baustoffen*, fertig. Also etwa so wie das Haus Babanek von Heinz Bienefeld (1/2). Diese Strategie hat etwas faszinierend Beruhigendes in einer hysterischen und sich auf den Reiz des Neuen kaprizierenden Konsumgesellschaft.

Typischer Architekt und Meister solcher Art von Vereinfachung in der klassischen Moderne war Heinrich Tessenow, dessen Tanztheater in Dresden-Hellerau auf den jungen Corbusier einen nachhaltigen Eindruck gemacht haben soll. Sein Raum in Schinkels Neuer Wache! Konzentration! *Ein* rundes Oberlicht, *ein* Raum. Kein Inhalt. Nur zögernd auf die neue Möglichkeit Flachdach eingehend, bringt Tessenow die Aufgabe jeweils zu einer Lösung, die auf vertraute handwerkliche Form *und* schlichte Geometrie reduziert ist. In Skandinavien ging Gunnar Asplund ähnliche Wege. Wir haben ja schon die schlichte Villa Snellmann gesehen, die Villa mit dem „Lächeln". Hier als anderes Beispiel das Gerichtsgebäude in Sölvesborg am Ende einer ansteigenden Straße (3/4). Man beachte, mit welchen schlichten Mitteln hier eine starke kompositorische Idee – zylindrischer Gerichtssaal eingestellt in ein „Dachhaus" – verwirklicht wird. So als wenn Gerichtsgebäude in dieser Gegend schon immer so gebaut worden wären. Nach dem Zweiten Weltkrieg gibt es von Egon Eiermann und Rudolf Schwarz ähnlich vereinfachte Bauten, bezeichnenderweise immer im Sakralbau. Die Pforzheimer Kirche von Eiermann ist für meine Begriffe das beste (wenn auch nicht bekannteste) Bauwerk dieses

1/2

Architekten. Ich sah es 1956 und schrieb mich deshalb in Karlsruhe ein, wo Eiermann lehrte. Doch in Karlsruhe fand ich diese Pforzheimer Einfachheit nicht mehr wieder. Was dort gezeichnet und in der Lehre propagiert wurde, war inzwischen doch alles sehr „designed" und opulent, auch die Berliner Kaiser-Wilhelm-Gedächtniskirche, deren erster Entwurf ja noch an die Pforzheimer Kirche anknüpfte, war schon sehr viel anspruchsvoller, deshalb aber nicht besser. Also sehen wir uns das Pforzheimer Gotteshaus genauer an (5/6). Eine ganz wesentliche Qualität und Kraft liegt sicher darin, daß das geneigte „Dach" noch formal da ist, daß die Kirche wirklich noch ein „Haus" ist. Und in diesem Haus gibt es außer dem schönen, von Eiermann gezeichneten Gestühl nur die wenigen, liturgischen Möbel, die alle auch als solche gezeichnet sind. Eiermann hatte hier erstmals eine Glasbeton-Wabenwand mit weißen, grünen und braunen Gußgläsern eingesetzt, leider eine windundichte Konstruktion, die erforderlich machte, daß der Küster bei schlechtem Wetter anfangs für die an der Windseite sitzenden Gottesdienstbesucher Regenschirme verteilte.

3/4, 5/6 (unten)

Aber ich war damals von diesem großen, lichtdurchfluteten Haus stark beeindruckt. Diese konzentrierte Einfachheit ohne all das sonst übliche hilflose Pathos und die kinohafte Inszenierung des Himmlischen, wie sie sonst damals die von dieser Aufgabe völlig überforderten Funktionalisten bemühten. Hier also nur ein Haus mit Stühlen, einem Altartisch, einem Rednerpult: alles sehr selbstverständlich und in diesem Sinne – einfach. In dieser Zeit entsteht noch eine andere „sehr einfache" Kirche im Nachkriegsdeutschland, die aber dieses (geneigte) „Dach" nicht hat. Ich meine Sankt Christophoros in Köln-Niehl von Rudolf Schwarz (8), eine Arbeit, die sehr unter dem Einfluß des mit Schwarz befreundeten Mies van der Rohe steht und deshalb auch abstrakter wirkt. Eigenständiger und durch Vereinfachung von großer Kraft ist dann Schwarz' Kirche in Aachen, auch wieder so ein Urhaus (7).

Ein Meister und Weiterentwickler dieser Strategie in der Postmoderne war Aldo Rossi, der vor allem die semantische Reduktion der Form stark weiterentwickelte. Die Figuren werden buchstäblich auf die Zeichen reduziert, auf Piktogramme der assoziierten Begriffe, durchaus auf Kosten des Handwerklichen. Das zum Zeichen seiner selbst reduzierte Satteldach beim Friedhof in Modena zeigt keine Sparrenköpfe und keine Regenrinne mehr wie Tessenows Bauten. Alle diese handwerklich vertrauten Einzelheiten werden aufwendig der zum Piktogramm (und Monument) reduzierten geometrischen Form geopfert, wohl gerade um das Zeichen-

7/8

hafte der Architektur hervorzuheben. Rossi verdeutlicht wie kein anderer Architekt, daß Architektur eine Sprache ist, die mit Erinnerungen und erlernten Begriffen von Formen hantiert. Insofern treibt er das Vereinfachen, wie ich es hier verstehe, auf die Spitze. Geometrische Redundanz gepaart mit assoziativer: Das ergibt ein Höchstmaß an Komplexitätsvernichtung, eine architektonische Umwelt, die dadurch einfach wird, daß sie das Normalmaß an Komplexität dramatisch unterschreitet – was paradox scheint, denn dadurch wird sie nun wieder selbst interessant. Tatsächlich fehlt Rossis späteren Bauten oft die Stille und Eindringlichkeit, die all die vorgenannten Beispiele auszeichnet (9). Bei ihnen hat man immer das Gefühl, daß sie nicht entworfen, sondern durch den Lauf der Zeit so geworden sind. Sie sind das Ergebnis einer im Entwerfer nachvollzogenen Formtradition. Entwerfen ist hier ein Akt von Meditation.

Es mag manchen befremden, daß ich kein Beispiel von Mies van der Rohe in diese Reihe stelle, der doch immer von Einfachheit geredet hat und von dem der schöne Spruch stammt, man könne schließlich nicht jeden Montag eine neue Architektur erfinden. Aber bei seinen Bauten fehlt die Konzentration auf die *vertraute* Form, diese naive oder melancholische Seite, wie sie die hier beschriebene Einfachheit kennzeichnet. Melancholisch, weil in dieser Vertrautheit ja immer auch ein wehmütiger Blick zurück auf

9

das gute Handwerk oder auf bewährte, aber schon schwindende Traditionen steckt. Auch die Minimalisten sind artifizieller und für dieses Verfahren untypisch. Eher schon könnte man Heerichs Museumsbauten im Düsseldorfer Park Hombroich in diesem Zusammenhang sehen (10/11), die etwas von dieser Naivität enthalten: „Nun macht mal nicht so viele Probleme." Dabei kommt ihm offenbar zugute, daß er kein gelernter Architekt ist: Als Bildhauer hält er natürlich die ausgebildeten Architekten für ganz und gar überflüssige Banausen. Doch bautechnische Unbefangenheit gepaart mit starkem künstlerischen Willen ergibt hier eine typische „Design"-Situation: Heerich baut grobe Kartonmodelle im Maßstab 1:100. Auf feine Architektendetails kommt es dabei nicht an, das Weitere besorgen die ausführenden Firmen. Interessant: Er kann sich diese Grobheit leisten, weil er zuvor vereinfacht hat, vereinfacht in unserem Sinne. Diese Art Vergröberung/Vereinfachung beschreibt zugleich einen Übergang, den wir am Schluß dieser Lektionen noch näher inspizieren wollen: den Übergang zum „Design" und zu dem, was ich Stadtarchitektur nenne: Kompositionen im Maßstab 1:500.

Interessant wäre noch, ein Möbeldesign so zu betrachten, einen zeitgenössischen Stuhl von 1990, Ergebnis solcher Vereinfachung: geometrisch reduziert auf einfache Linien und die Verbildlichung der vertrau-

10/11

ten Form nach dem Motto „Ein Stuhl ist ein Stuhl ist ein Stuhl …" (12). Vielleicht ist deutlich geworden, daß dieses konsequente Vereinfachen, obwohl eigentlich keine typische Art der Komposition, eben doch in diese Reihe kompositorischer Strategien gehört (12). Denn es ist sozusagen „Komposition rückwärts", ein Akt der Konzentration: das Wegnehmen von allem, was nicht dazu gehört, was neue Vielheit entstehen lassen würde; das Reduzieren auf ein einziges Ganzes; das Einschmelzen all der Teile zu etwas, das dann nur noch ein Begriff ist, ein einziges „architektonisches Wort".

6.2 Die Zauberkiste: Loos' Raumplan und Le Corbusiers Großform

Auch diese Strategie zielt, wie die Überschrift sagt, auf äußere Einfachheit, auf die bloße Kiste. Aber in dieser Kiste erlebt man seine Überraschungen. Also: Zauberkiste! Das Verfahren ist von zwei Zauberern der Moderne etwa gleichzeitig – etwa zwischen 1923 und 1929 – entwickelt worden, wenn auch mit ganz unterschiedlichem Temperament und Ergebnis: Adolf Loos und Le Corbusier[1]: Loos, auf dessen Wirken ich in der letzten dieser Lektionen noch näher eingehen werde, sprach dabei von einem *„Raumplan"* und meinte damit, daß das Haus in allen drei Dimensionen statt nur im Grundriß gedacht werden müsse, daß also in einem größeren Raum immer kleinere Unterräume verschiedener Größe und Höhe untergebracht sein sollten, so daß man sich in allen

12

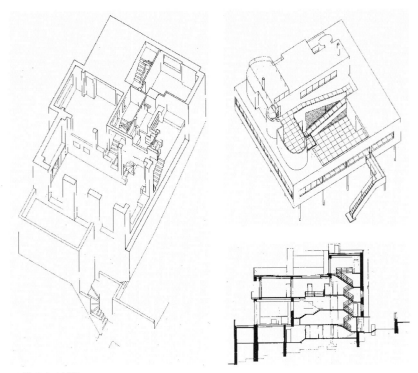

13 (links), 14/15

16

drei Dimensionen durch den Raum bewegen kann. Dabei legte er großen Wert darauf, daß die Noblesse der Architektur dabei nicht verloren
geht, keine unpassende Dynamik, wie sie bei dem anderen „Zauberer"
entsteht, dessen Kunst er süffisant als „Amüsieren und Corbüsieren" zu
bespötteln pflegte. Jeder kleinere Teilraum muß deshalb in Loos' Zauberkiste selbst wieder autark werden, seine eigene Symmetrie und sein eigenes Gleichgewicht finden. Das wohl beste Beispiel in dieser Beziehung

ist das Haus Müller in Prag (13), in dessen fast symmetrischer Hülle viele verschiedene kleinere Räume verschiedener Höhe untergebracht sind, von denen jeder seine
eigene Symmetrie-Achse hat (und übrigens auch seine
eigene Farbe), ein äußerst komplizierter Entwurf, den wir
uns genau ansehen müssen (15/16). Am besten, indem Sie
den Versuch machen, von der Eingangsnische an alle sym-
metrischen Räume herauszusuchen. Sie sehen dann, daß
der Kamin in der einen Raumecke auf der anderen Ecke
gespiegelt und der Raum damit wieder „autark" wird (17).
Und Sie können dann auch plötzlich besser verstehen, daß die negative
Nord-Ost-Ecke, die, wie erzählt wird, die Maurer der Einfachheit halber
zunächst weglassen hatten, für dieses Konzept ineinander geschach-
telter symmetrischer Kuben unverzichtbar ist: Es geht sonst nicht auf.

17/18

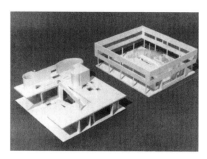

(Aber wie schwer muß es gewesen sein, den braven Maurern das auch klar zu machen!)

Dieses Haus ist im übrigen ja ganz bürgerlich und steht bei aller Modernität doch, was das Verständnis vom Raum und dessen Verhältnis zum Außenraum angeht, auch fest auf dem Boden der Tradition. Jeder Raum hat seine vier Wände, die jetzt freilich zueinander etwas durchlässiger werden. Aber das Raumgefühl ist in den einzelnen Räumen doch noch das alte, klassische. Das ist nun bei dem anderen Erfinder der Zauberkiste ganz anders. Auch wenn Loos behauptet, daß „das wenige, das bei Le Corbusier gut ist, bei Adolf Loos gestohlen" sei[2], so hat Corbu den unbestreitbaren Vorteil, siebzehn Jahre jünger zu sein. Und diese Jungen scheren sich nicht mehr um irgendwelche Tradition. Corbu ist modern, und das heißt, er hat – wie Mies mit seinen Paravents und dem durchfließenden Raum – etwas gegen diese „bürgerlichen" Kästen mit ihren vier Wänden. Seine superierte Villa Savoye (14) kommt jedenfalls gar nicht mehr als auf dem Boden stehendes „Haus" daher, sondern gleich als fliegende weiße Untertasse (wie Hertzberger sie genannt hat) zur Landung und negiert sozusagen alles, was vor ihr da war. Und Le Corbusier wendet die Superierung rigoroser an (18/20): In die superierte Großform, einen weißen, aufgestelzten Kubus

19/20

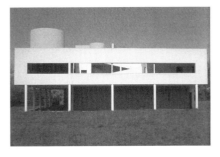

119

am Ende einer achsialen, zweibahnigen (!) Zufahrt, sind Unterformen – etwa der über die Attika hinausragende gekrümmte Wandparavent auf der Dachterrasse, der darunterliegende Lichthof, die Rampe – eingeschrieben, die *dann* ihrerseits teilweise noch kleinere Unterfiguren in sich tragen (20). Das ist nur im Wortsinn das gleiche wie beim Haus Müller. Denn das Haus Müller entsteht ja nicht so, daß man *erst* eine hohle Kiste, eben diese fliegende Untertasse, zeichnet, in die man *dann* wieder Unterformen hineinsetzt, sondern dadurch, daß man viele kleine und verschieden hohe Müller-Häuser so zusammenpuzzelt, daß sie schließlich – bei Inkaufnahme jener unglücklichen Negativecke – ein großes Müller-Haus ergeben, ohne dabei ihre Eigenständigkeit anzutasten, was eine ungeheure Tüftelei ist, die etwas Verbiestertes, Unbedingtes hat. Während bei Le Corbusier die Unterteile lockerer, zufälliger werden, wie zum Beispiel diese wunderbare Liege im Bad (19), und die Zimmertrennwände mehr wie unvermeidliche Kabinentrennwände auf einem Dampfer wirken oder auch mal ganz zu raumtrennenden Skulpturen werden, sind sie bei Loos nicht eigentlich untergeordnet, haben die gleichen Freiheitsgrade wie die Superform und disziplinieren einander so gegenseitig. Die Corbusche Form ist hierarchisch, dynamisch: In dieser strengen Großform tummeln sich die Unterformen wie geschmeidige Wildkatzen in einem Zwinger. Loos' Haus ist dagegen weniger athletisch, ziviler, aber darum auch konservativer und disziplinierter. Jedenfalls hat nicht Loos' schwieriger Raumplan, sondern Le Corbusiers Fliegende Untertasse oder – wie ich sage – Zauberkiste eine nachhaltige Wirkung auf die Architektur gehabt – bis heute, bis zu Koolhaas' Kunsthal in Rotterdam. Sie stellte das neue Raumgefühl noch viel stärker dar als Mies' zwischen Sockel und Dachplatte fließender Flachraum: ein etwas über dem Boden fliegendes Ufo, in der sich muskulöse Maschinisten über Rampen und Treppen durch den Großraum bewegen. Dagegen war Loos, den die Wiener Zeitungen bei seinem Michaelerhaus so heftig attackiert hatten, ja eigentlich noch sehr angepaßt. Sein „Raumplan" war nur der Versuch, die vertrauten großbürgerlichen Zimmer und Salons in einen etwas räumlicheren und vielseitigeren Zusammenhang zu bringen, und damit von der vertrauten Wohnkultur zu retten, was noch zu retten war.

Übrigens hat Le Corbusier sein Verfahren, das er selbst wegen der Hierarchie der Teile „pyramidal" nannte, als komplizierteste einer Reihe von Kompositionstechniken beschrieben, die er mit verschiedenen Villen im Laufe der zwanziger Jahre entwickelt und 1929 aufgelistet hat (21). Als erste zitiert er die Villa La Roche-Jeanneret, die er „pittoresk" nennt. La Roche ist eine Addition unterschiedlicher Organe, ein kleiner, nur von den Straßenfluchten des Eckgrundstücks von außen begrenzter Organismus, eine Addition, wenngleich auch nicht auf die Weite bezogen und ganz städtisch. Danach skizziert er als zweites eine einfache Kiste: seine Villa Meyer. Die dritte Kompositionsart ist ein Stapel von Platten, die jeweils von Stützen getrennt werden und Platz für die Entwicklung geschoßweise verschiedener freier Grundrisse bieten, so wie er es 1929 in der Villa Baizeau II gemacht, und dann für das System *Domino* gezeichnet hatte. Und schließlich führt er dann seine Villa Savoye als die schwierigste der vier von ihm genannten Kompositionsformen an, sozusagen die Anwendung aller drei anderen Methoden zusammen: also *erstens* freier, organischer Grundriß (La Roche) auf, *zweitens*, Stützengeschossen (Baizeau) in, *drittens*, einer großen Kiste (Meyer) ergibt, *viertens*, die Villa Savoye in Poissy.

Dieses Kompositionsverfahren hat er auch nach 1945 in seiner sonst in mancher Hinsicht veränderten Arbeit bis Ronchamp beibehalten, am eindringlichsten wohl beim Capitol der Provinzregierung des Punjab in Chandigarh. Ich habe von diesem Projekt erstmals 1956 in Bagdad gehört, wo ich für den ungarischen Architekten Lucien Pollya oben im Penthouse auf dem Rushid-Building eine Garnitur verschiedener Hotelmöbel zeichnete. Ich hatte in einem Buchladen unter vielen arabischen Büchern Sigfried Giedions *Architektur und Gemeinschaft* (in deutscher Übersetzung und als Taschenbuch) gefunden und darin die perspektivische Zeichnung der Front des Obersten Gerichtshofs gesehen (22). Darunter stand

21

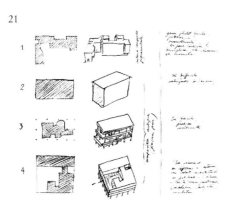

lapidar: „Verwaltungs- und Gemeinschaftszentrum einer neuen Hauptstadt". Ich hielt diese neue Hauptstadt zuerst für eine Utopie. Es gab ja auch kein Foto davon in dem Buch, nur von der „Unité d'habitation" in Marseille und natürlich von Ronchamp, das damals gerade ein Jahr fertig war und das ich aus Zeitschriften kannte. Nachdem ich dann aber herausgefunden hatte, daß es dieses Chandigarh wirklich gab, beschloß ich, meine Arbeit bei Lucien Pollya abzubrechen und dorthin weiterzureisen. Denn Corbusier hatte mich immer schon in seinen Bann geschlagen. Noch als Schüler hatte ich eine „Corbusier-Villa" für eine Dame gezeichnet, deren Mann mit einer bekannten Zigarettenwerbung viel Geld gemacht hatte. Damals war ich ständig in die Bibliothek gerannt, wo es die Bücher von Le Corbusier gab, und hatte dort seine Häuser studiert. Aber ich hatte es dennoch einfach nicht hingekriegt. Ich hatte noch nicht verstanden, daß es auf die Formen nicht so sehr ankommt wie auf die *Methode*, nach der sie entstehen. Später war ich jedenfalls insgeheim heilfroh, daß meine Villa nie gebaut worden ist … Aber in Chandigarh, hoffte ich damals, würde ich vielleicht eine Anstellung finden und dabei lernen, wie so etwas geht. Und so kam es, daß ich schon ein halbes Jahr später – nach einer ziemlich abenteuerlichen Reise durch den Ostirak und durch Pakistan – völlig durchgefroren in Chandigarh mit einem Freund von der Pritsche eines „Pick-up" kletterte. Und da lag es vor uns: auf einer sanft ansteigenden Grassteppe, vor der zartblauen Kontur des Himalaya: einzelne Bauten, noch unzusammenhängend – wie Schiffe auf Reede. Links das große Sekretariatsgebäude, bei dem Corbu erstmals die 1940 für Algier gezeichnete „plastische Fassade" verwirklichte, nur im Rohbau fertig. Und rechts vor uns eine große Betonkiste mit einer nur durch einen zentralen Wasserspeier und die Schüttlinien des schlecht verdichteten Betons sehr grob gegliederten und sonst völlig geschlossenen Seiten- oder Giebelwand (23). Die Frontseite war ganz verschattet und gab nur für uns, die wir sie aus jener Per-

22

spektivzeichnung kannten, gerade zu erkennen, daß in sie zwei kleinere Kisten eingestellt war. Und während wir auf diesen mächtigen Bau zugingen, erlebten wir dann die Zauberei von Poissy in gesteigertem Maße: Je näher man kommt, desto mehr offenbart die Großform den Reichtum ihrer Unterformen, bis man den großformatigen Rahmen nicht mehr übersieht und vollends in die Strudel der Sekundärformen hineingezogen wird (23–25). So steigt man etwa auf einer zweiläufigen Betontreppe mit oberseits ganz abgegriffenen Betonbrüstungen unter einer sich darüber krümmenden Hyperboloidschale empor wie ein Segelflieger unter einer Kumuluswolke. In den schattigen Gerichtssälen dann die großen, bunten Wandteppiche (26). Das gehört auch zu dieser Großform-Zauberei: Im Schatten der großen Form blühen die Farben. Gegenüber, am 300 m entfernten Sekretariatsgebäude (27), gibt es ähnliche Raumabenteuer: Dort sind die Schalungsfugen der Betonwände der vorgestellten Rampentürme samt ihren kleinen Lichtöffnungen *mit* den Wendelrampen geneigt, so daß wir hier schon, 40 Jahre vor den „glatten Räumen" der heutigen holländischen Architektur, einen schiefen und leicht Schwindel erregenden glatten Raum haben, aus dem man dann in ein sehr lotrechtes und kubisches Raumgerüst entlassen wird. Am Verwaltungsgebäude wurde noch gearbeitet. Die Außenanlagen fehlten noch vollständig. Auch das Parlamentsgebäude und das Monument der offenen Hand, diese nach oben offene Grundfigur aller Corbusierschen Architektur, fehlten noch.

23/24/25

Aus meinem Plan, hier zu arbeiten, wurde nichts. Wir hatten eine Verabredung in Delhi, und so blieben wir nur ein paar Tage in Chandigarh, dieser von Corbu geplanten und von verschiedenen Architekten gezeichneten Stadt um die beiden Ortschaften Chandi und Garh, ein typisches Produkt modernen Städtebaus, mit dem die Bewohner überhaupt nicht zurecht kamen. Natürlich nicht, denn von Architekten ausgedachte Städte funktionieren nie, weil sie viel zu viel entwerfen und die wohlgeordneten Entwürfe den vielerlei individuellen Bedürfnissen und Entwürfen keinen Raum lassen. Auch hatte man viel zu wenig die lokalen Wohn- und Lebenstraditionen studiert, das System der Kasten, die Art der indischen Läden, die Lebensweise der Sikh, um etwas hinzukriegen, das die Leute sich nicht anschließend mit Lehm, Bambus und Jute hätten zurechtbauen müssen, und ich bin sicher, daß dieser Homunkulus inzwischen – mehr noch als Pessac – bis zur vollständigen Unkenntlichkeit um- und zurechtgebaut worden ist. Chandigarh ist jedenfalls einer der vielen städtebaulichen Unfälle der Moderne. Aber das Capitol ist ein „Zauberberg"! Nie wieder – bis zu Koolhaas' Kunsthal in Rotterdam – hat mich etwas so berührt wie diese kraftvollen und doch in ihrem „Finish" so bescheidenen, ja spartanischen Betonbauten am Himalaya.

26/27

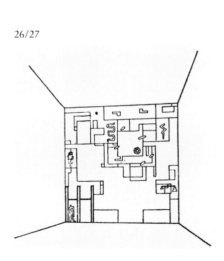

Aber sehen wir uns noch kurz an, was 40 Jahre später OMA in Rotterdam aus diesem Thema macht (28–30). Auch die Kunsthal ist eine superierte „Großform", die sich aus zwei „Unterkisten" zusammensetzt. Dabei entstehen die beiden „Unterkisten" aus einem Schrägschnitt, werden voneinander abgerückt, so daß sie eine Passage durch das Gebäude freilassen, und zudem noch gegeneinander verkantet, so daß sie nach Art einer Wendelrampe die Geschosse in einen ansteigenden Zusammenhang bringen. Außer dieser inneren Rampe finden wir auch sonst alle Elemente wieder, die wir von Poissy schon kennen: die dünnen Stützen unten, die hinein (und hier hindurch) führende Straße, die oben herausguckende Unterfigur und den eingeschnittenen Hof. Anders ist nur der Ausdruck: Die Kunsthal hat nichts Heroisches mehr. Sie ist größer, jedoch ohne das barocke Pathos Le Corbusiers, aber auch ohne diese Schöntuereien, wie sie andernorts für solche Aufgaben getrieben werden: Ich meine sowas wie Renzo Pianos leckeres Porphyr-Stückchen in Riehen bei Basel, ein Gebäude, das gerade aufgrund seiner geschmackvollen Harmonie nach Loos' Worten „keinen Zusammenhang mit uns" und unserer Zeit mehr hat. Nein, hier ist alles sehr profan, uneinheitlich, nicht optimiert, die eine Seite in Stahl, die andere in Beton. Da werden so banale industrielle Baustoffe wie Polyester-Well-

28/29/30

platten und andere Billigprodukte aus dem Baumarkt eingebaut, Stahlstützen mit geschälten Baumstämmen ummantelt, die für dieses Bauwerk fallen mußten (30). Und es entsteht weder falsches Pathos noch diese falsche „edle Einfalt und stille Größe" wie in Riehen. Statt dessen Witz und Poesie. Auf dem Dach ganz oben etwas rätselhaft ein gegossenes Kamel, wohl das Präsent einer der beteiligten Unternehmen, und der rampenförmige Weg durch das Gebäude aus Beton und Stahl endet sehr einfältig in einem Dachgarten mit schön aufgereihten Birnbäumchen! (31) Das ist nicht mehr die Zauberkiste mit dem „strengen Spiel der Volumen im Licht", sondern ein großer Kasten mit vielen Sachen drin, man könnte auch sagen, ein Stück Stadt im Kasten!

Anders als Poissy ist natürlich auch die Größe, die mit dem Hineinführen einer Straße und eines quer dazu verlaufenden öffentlichen Gehwegs eine neue Qualität bekommt, also das, was Koolhaas mit „Bigness" bezeichnet oder mit der Bezeichnung für Übergröße XXL. Die Kunsthal ist schon ein *Sehr Großes Gebäude*, wenn auch noch nicht in idealer Weise. Denn *Sehr Große Gebäude* stehen nicht mehr an der Straße, sie enthalten die Straßen gleich mit. Somit war es ganz im Sinne dieser Architek-

31

tur, daß zur Eröffnung eine Autofirma ihre neuesten Modelle darin präsentierte: ein Gebäude, in dem Autos herumfahren, das ein ganzes Stück Stadt samt öffentlichem Raum enthält, das ist ein *Sehr Großes Gebäude*. Hier wird versucht, die Stadtöffentlichkeit, die vor lauter Autos keinen Platz mehr in der Stadt findet, in einem Gebäude neu zu organisieren. Ein naiver Gedanke, denn diese Öffentlichkeit wird immer nur die sein, die der Eigentümer dieses *Sehr Großen Gebäudes* zuläßt! Aber so sind die OMA-Leute: mit Koolhaas' Worten reiten sie auf der Welle der Großinvestoren *like a surfer on the waves*, geben ihr auch noch die kulturelle Weihe und erhalten daraus einen unglaublichen Vortrieb. Aber davon einmal abgesehen: eine faszinierende Idee! Die Verkehrung von Innen und Außen, von Straße und Haus! Und da mag es uns überraschen, wenn wir sehen, daß der große Vorläufer und Magier am Ende seines Lebens, ein Vierteljahrhundert vor der Kunsthal und vor Koolhaas' noch größerer Stadthalle in Lille, hier selbst schon fast angekommen war. Sein Entwurf für die Kongreßhalle in Straßburg, dessen Scheitern in einem lesenswerten Buch von Karen Michels[3] sehr genau nachvollzogen wird, ist eigentlich das erste, wenngleich unvollendet gebliebene „*Very big building*" (32/33).

32/33

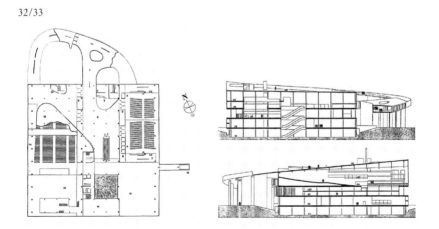

Anmerkungen

1   Eine sehr anschauliche vergleichende Darstellung beider Konzepte findet sich in:
    Max Risselada (Hg.), *Raumplan versus Plan Libre*, Delft University Press, 1988
2   Adolf Roth, *Begegnung mit Pionieren*, Zürich 1973
3   Karen Michels, *Der Sinn der Unordnung. Arbeitsformen im Atelier Le Corbusier*,
    Braunschweig/Wiesbaden 1989

Bildlegenden

1–2   Heinz Bienefeld: Haus Babanek, Brühl 1991, in: Wolfgang Voigt (Hg.),
      Heinz Bienefeld, Tübingen/Berlin 1999
3–4   Gunnar Asplund: Gerichtsgebäude, Sölvesborg, 1919–1921, in: *Asplund*,
      Stockholm Arkitektur Förlag 1985
5–6   Egon Eiermann: Matthäuskirche Pforzheim 1952–1956, in: Wulf Schirmer (Hg.),
      Egon Eiermann 1904–1970. Bauten und Projekte, Stuttgart 1993
7   Rudolf Schwarz: St. Fronleichnam Aachen 1929–1930, in: Wolfgang Pehnt,
      Hilde Strohl, *Rudolf Schwarz 1897–1961. Architekt einer anderen Moderne*,
      Stuttgart 1997
8   Rudolf Schwarz: St. Christophorus, Köln-Niehl, in: W. Pehnt, H. Strohl … , Abb. 7
9   Aldo Rossi: Friedhof San Cataldo, Modena, 1976, in:
      A+U, Architecture and Urbanism, 1982
10–11 Erwin Heerich: Museumsinsel Hombroich, Lange Galerie, in: Erwin Heerich,
      Museum Insel Hombroich, Stuttgart 1996
12   Jasper Morrison: Stuhl, in: T. Maschke, T. Heinemann, *Design – die Klassiker von
      morgen*, Augsburg 1996
13   Adolf Loos: Haus Müller, Prag 1929–1930, Isometrie, in: Max Risselada (Hg.),
      Raumplan versus Plan libre, Adolf Loos – Le Corbusier 1919–1930, Delft 1988
14   Le Corbusier: Villa Savoye, Poissy 1928–1930, Isometrie, in: M. Risselada (Hg.),
      Raumplan … , Abb. 13
15–16 Adolf Loos: Haus Müller, Grundriß und Schnitt, in: Ludwig Münz,
      Gustav Künstler, *Der Architekt Adolf Loos*, Wien und München 1964
17   Adolf Loos: Haus Müller, Blick in den Salon, in: L. Münz, G. Künstler, Abb. 15–16
18   Le Corbusier: Villa Savoye, Poissy 1928–1930, Modell des realisierten Entwurfs mit
      auseinandergenommenen Schichten: Großform und ‚Innerei‘, in: M. Risselada (Hg.),
      Raumplan … , Abb. 13
19   Le Corbusier: Villa Savoye, Blick ins Bad und ins Elternschlafzimmer, Postkarte,
      Foto: Richard Pare, 1979
20   Le Corbusier: Villa Savoye, Westansicht, in: William J. Curtis, *Le Corbusier,
      Ideen und Formen*, Stuttgart 1987
21   Le Corbusier: Vier Kompositionsformen, in: William J. Curtis, *Le Corbusier …* ,
      Abb. 20
22   Le Corbusier: Chandigarh. Perspektivische Darstellung der Front des Obersten
      Gerichtshofs, in: Sigfried Giedion, *Architektur und Gemeinschaft*, Hamburg 1956

23–24 Le Corbusier: Oberster Gerichtshof in Chandigarh, in: W. Boesiger (Hg.),
Le Corbusier et son Atelier rue de Sèvres 35, Œuvre Complète, Vol. 6 1952–1957,
Zürich 1957

25   Ebd., Foto: M. Wilkens

26   Ebd., Zeichnung für einen der Wandteppiche, in: Le Corbusier, *Modulor 2*,
Stuttgart 1958

27   Le Corbusier: Sekretariatsgebäude Chandigarh, in: ebd.

28–29 Rem Koolhaas: Kunsthalle Rotterdam, „OMA/Rem Koolhaas 1987–1993",
in: *el croquis 53*, Madrid 1992

30   Rem Koolhaas: Kunsthalle Rotterdam, einer der Ausstellungsräume, in: ebd.

31   Rem Koolhaas: Kunsthalle Rotterdam, Blick in die Passage, in: ebd.

32   Le Corbusier: Straßburger Kongreßgebäude, Saalgeschoß, zweiter Entwurf 1963,
in: Karen Michels, *Der Sinn der Unordnung – Arbeitsformen im Atelier
Le Corbusier*, Braunschweig/Wiesbaden 1989, S. 140

33   In: ebd., Schnitte, S. 143

7 Kompositionsformen: Durchdringung, Konfrontation

Die Aktionen, die wir bisher kennengelernt haben, ergeben am Ende immer eine Einheit, ein Ganzes. Selbst das Vervielfachen autarker Raumknoten bringt doch wieder eine Menge in sich identischer Teile, die sich als Ganzes von der Umgebung deutlich abhebt. Auch die Verdichtung ist gleichsam *eine* Herde um einen Hirten, und bei der Vereinfachung oder der Superierung zur Großform ist die Herstellung dieser Identität ja das eigentliche Ziel. Wir werden jetzt aber zwei Strategien kennenlernen, bei denen es eher um die Herstellung einer Vielheit geht, wenigstens aber einer Ambivalenz, bei der wir am Ende zwei verschiedene Figuren in einer sehen können. Dabei spielt oft das Drehen der Teile zueinander eine Rolle – ebenso wie das Diversifizieren durch verschiedene Farben, verschiedene Materialien oder/und verschiedene „Sprachen", verschiedene Stile. Wir erzeugen also eine heterogene Vielheit, die sich mit der städtischen Umgebung um so mehr verschränkt, als deren Substanz ja auch heterogen und voller Widersprüche ist. Bei der Strategie, die ich zuerst vorstellen möchte, haben wir die Vielheit in einem Gebäude, das wir je nach unserer Interpretation seines Aufbaus so oder anders sehen können – etwa wie bei den Jux-Postkarten, die je nach Blickwinkel die schöne Blonde nackt oder bekleidet zeigen. Bei der zweiten Strategie geht es von vornherein um eine Vielheit, in der ganz verschiedene Teile einander konfrontiert werden, vergleichbar einem Stilleben. Beide Aktionsformen sind typisch für die Dekonstruktivisten. Doch wir werden sehen, daß sie ihrem Wesen nach – ganz im Gegensatz zu den architektonischen Großkunstwerken bekannter Dekonstruktivisten – gerade dazu tendieren, Architektur als geschlossenes Kunstwerk, als architektonische Symphonie, aufzusprengen und daraus so etwas zu machen wie architektonischen Jazz: Improvisation mit vorgefundenem Material, mit mehreren Solisten, mit offenem Ende.

7.1 Durchdringung, Überlagerung

Für das Bauen, das Schritt für Schritt voranschreitet, eins zum andern fügt, Gewerk für Gewerk, Schicht für Schicht, sind Durchdringungen eigentlich untypisch, etwas Gewaltsames. Sie kommen denn auch zunächst nur dort vor, wo ein bauliches Gefüge irreversibel zusammengehalten werden soll: als große, verschiedene Schichten durchdringende und damit verbindende Holzstifte, Nägel oder Anker. Daß aber ganze bauliche Komponenten sich durchdringen, ist selten, und mir fällt aus der klassischen Baugeschichte dafür kein einziges Beispiel ein. Die Vierung jedenfalls, also sich kreuzende (Kirchen-) Schiffe, ist in diesem Sinne keine Durchdringung: Dabei werden an die vier Seiten der eigentlichen Vierung die vier Schiffe angebaut: *erst* die Vierung, *dann* die Schiffe – es muß historisch nicht so sein, doch die Figur kann so gelesen werden. Aber ein kubischer Bau, der durch eine einzige Mauer geteilt würde, die ihn schräg durchquert: So etwas wäre doch wohl eine Durchdringung. Die schräg zum Grundriß verlaufende Mauer durchdringt das Haus. Bei diesem Beispiel zeigt sich, daß das Verhältnis beider Teile zueinander eine Rolle spielt, wenn der Begriff in kompositorischer Hinsicht sinnvoll sein soll: Weder darf in diesem Fall die Mauer das Primärteil sein, noch das Haus. Denn wäre die schräge Mauer das Primärteil, dann wären beide Haushälften nur so angebaut, daß sie aus der Vogelperspektive gesehen wie ein Haus aussähen. Es wären aber zwei nur zufällig einander gegenüberstehende Anbauten an eine schräge Mauer. Wäre umgekehrt das Haus das Primärteil, so wäre die schräge Mauer nur eine Addition von schräg an- und eingebauten Mauerteilen, die nur zufällig so aufgereiht sind, daß sie wie *eine* Mauer aussehen. In beiden Fällen wäre die Durchdringung nur eine vermessungstechnisch hergestellte Illusion. In unserem Beispiel wäre es dann anders, wenn beide Teile zueinander in einem ambivalenten Verhältnis stünden, oder wenn die bauliche Reihenfolge verschränkt wäre: Zu Anfang wäre der untere Teil der schrägen Wand dagewesen, zum Beispiel als Böschungsmauer auf dem Gelände, das bebaut werden soll, und darüber wäre später der Hauswürfel (als Pri-

märteil) errichtet worden. Und noch später wären Teile der schräg durchdringenden Böschungsmauer hochgeführt und oben wieder zum Primärteil zusammengeführt worden. Bei einer solchen komplexen Geschichte mit Rollenwechsel wäre es im Ergebnis sinnvoll, von einer Durchdringung zu reden. Auch hier zeigt sich, daß man architektonische Figuren nicht allein geometrisch erklären kann. Nur im zeitlichen Nacheinander werden sie als kompositorische Schrittfolgen sinnfällig. Deshalb halten wir fest: Durchdringungen entstehen nur durch den Rollenwechsel der Teile: was erst Primärteil war, wird dann Sekundärteil. A bestimmt zuerst B, dann bestimmt B wieder A und womöglich noch später A wieder B. Man sieht schon: Solche Figuren sind technisch heikel und eher durch eine wechselvolle Geschichte als durch absichtliche Planung herbeigeführt.

Kein Wunder, daß es hier wenig konkrete historische Beispiele gibt, jedenfalls sind mir keine bekannt. Deshalb müssen wir die Phantasie bemühen: Stellen wir uns vor, ein langes Kirchenschiff wäre im Krieg durch eine Bombe in seiner Mitte völlig zerstört worden. Später, beim Wiederaufbau, hätte man durch die Lücke eine neue Straße hindurchgelegt und beide Ruinen beiderseits der Straße wieder durch neue Giebel in der Flucht der neuen Straße geschlossen. Und noch später hätte man, um auf die frühere Identität beider Teile zu verweisen, die Straße im alten Grundriß aufgepflastert. Hier könnte man dann von der Durchdringung zweier Figuren, Straße und Kirche, sprechen. Ein Teil der Entstehungsgeschichte wäre Zerstörung und nicht Bauen gewesen. Ich sage das, weil klar sein muß, daß wir eine solche wechselvolle und dramatische Geschichte denken müssen, wenn wir kompositorisch – und nicht mit designerischen Tricks – eine Durchdringung zeichnen wollen. Der Rollentausch der Teile entsteht durch einen Wechsel des Konzepts, der Absicht, der „Idee": Das macht ihn im technischen Sinne riskant und ästhetisch so reizvoll, denn wir haben nun zwei Architekturen in einer: Wir können sie so oder so herum sehen, eine Ambivalenz, die in der modernen Malerei denn auch intensiv genutzt wurde.

Aber bleiben wir erst bei der technischen Seite, von der ich sage, daß sie riskant sei. Nehmen wir unser erstes Beispiel, das Haus, das von einer schrägen Mauer durchdrungen ist. Handelt es sich um eine „echte" Durchdringung, wäre also teilweise die Hauswand von zwei Seiten an die schräge Mauer angesetzt, teilweise aber die schräge Mauer an die Hauswand, wäre

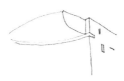

dieser Wechsel der Reihenfolgen schon gründungstechnisch prekär. Denn man muß damit rechnen, daß sich der Hauskubus stärker setzt als die freistehende Mauer und die Natur hier nachträglich für Klarheit der Verhältnisse sorgt: durch einen kräftigen Setzungsriß. Knack – und die schräge Mauer ist endgültig und eindeutig zum Sekundärteil herabgestuft. Oder nehmen wir ein Beispiel von der Kirche in Ronchamp (1): Auch dort gibt es an einer Stelle so einen prekären Rollenwechsel: das Dach, die große Betonschale, die durch einen kleinen Schlitz getrennt über den gekrümmten, dicken Spritzbetonwänden schwebt, wird plötzlich Wand. Die Wand durchdringt also das Dach (2). Der Schlitz wird aber weitergeführt und durchdringt wiederum die Wand. Diese kleine Ungereimtheit wird nun in der Wand dadurch überspielt, daß mehr solche Schlitze in die Wand gekerbt werden. Auch hier könnte es sein, daß dieser Schlitz sich eines Tages als Riß fortsetzt und der obere Teil der Wand schließlich durch diesen Bauschaden wieder zum Teil der Betonschale wird. Aber auch sonst weiß jeder geübte Zeichner, daß einander durchdringende Linien, also „Kreuze", konstruktiv riskant sind: Sie sind meist nicht realisierbar. Ich erinnere mich an einen Fall, als ich in den sechziger Jahren bei Paul Baumgarten am Berliner Reichstag zeichnete. Ein brückenartiger Steg sollte in einen Gebäude-

1/2

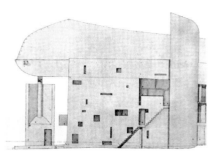

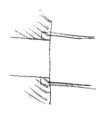

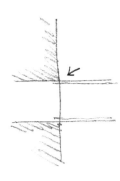

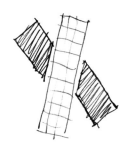

körper eindringen, ohne dabei sein Profil zu wechseln: eine Durchdringung. Und Baumgarten gab ein Kreuz vor: eine Kreuzung aus den seitlichen Kanten des Stegs und der Außenwand dieses Volumens. Das ist nur mit industriellen Mitteln machbar, nämlich wenn also Wange und Brüstung auf ein Minimum reduziert werden können und Fußboden und Wand ohne Profilierung durch Fußleisten aufeinanderstoßen, also mit Stahlprofilen, die bündig in die Wand eingebaut sind und so weiter. Das war schon „Design", und nur so ging es. „Baumeisterlich" hätte man hier einen Versatz gelassen, die Brücke weiter außen angesetzt oder – mit seitlichem Abstand – in eine freigelassene Auflager-Öffnung eingelassen. Dann wäre es aber keine Durchdringung mehr gewesen: Die Brücke kommt erst, wenn die Widerlager da sind – sowohl technisch als auch kompositorisch. Noch viel prekärer wäre diese Figur im Außenbereich, wo das Wasser kontrolliert abgeführt werden muß.

Kreuze sollten wir also vermeiden und uns lieber der Möglichkeit bedienen, die in unserem Beispiel von der zerstörten Kirche dargestellt war. Die Durchdringung fand da ja sozusagen nur virtuell statt. Nur unser Kopf läßt die Teile einander kreuzen. Wir nehmen, beim Entwurf wie bei dessen Rezeption, nur unser Vorverständnis zur Hilfe, ohne den baulichen „Unfall" wirklich herzustellen. Zwei Teile gehören zusammen, aber sie sind auch selbständig. Von Picasso, der viel mit solchen Ambivalenzen gearbeitet hat, gibt es ein Bild, das in Venedig bei Guggenheim hängt und diese Art der Durchdringung eindrucksvoll vorführt: „L'Atelier", von 1956 (3). Wenn man die Bedeutungsebene und den perspektivischen Raum ausblendet, hat man *drei* dunkle Vierecke, *zwei* rote und ein graues, vor hellem Hintergrund. Sieht man aber in den perspektivischen, semantisch nur durch einige Schrägen und ein paar Muster angedeuteten Raum, sieht man

zwei Teile: einen Tisch mit roter Tischdecke und einen grauen Sockel. Die rote Tischdecke durchdringt die helle Figur davor, weil wir sie als Einheit „Tischdecke" sehen. Um eine solche virtuelle oder semantische Einheit herzustellen, genügt das Drehen von Raum und Zwischenraum gegeneinander.

Durch gedrehte Stellung nämlich lassen sich die Kuben am besten voneinander trennen oder, umgekehrt, aufeinander beziehen. Schon die nebenstehende Figur ist eine Durchdringung, bei der wir entweder eine (von einem unsichtbarem Kubus durchdrungene) Figur oder zwei Figuren mit jeweils schräger Schnittfläche sehen können. Oder nehmen wir die Figur, die wir für die Kasseler Unterneustadt gezeichnet haben: ein rundes, zu einem Kindergarten gehörendes Spielhaus, das in einem dreieckigen Plätzchen steht und über eine Brücke mit einem Langhaus verbunden ist. Dabei ist im unteren Bereich die runde Figur an das rechtwinklige Brückengebäude angebaut, während oben sich das Rundgebäude ganz durchsetzt. Auch hier ist das durchdringende Gebäude fast nur virtuell, nur durch eine Stahlbrücke und durch die rechtwinklige Nische präsent. Wie gesagt: Solche Mehrdeutigkeit ist – als Absicht und entwurflich gewollt – ziemlich neu. Ich sah so etwas erstmals bei meinem Studienfreund und Mitdiplomanden Eckhart Reissinger bei seiner Diplomarbeit

3

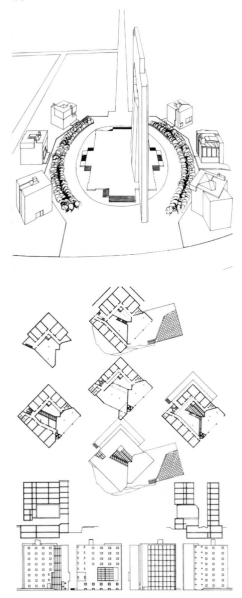

zum Leipziger Platz in Berlin (4/5). Noch Jahre vor den Versuchen der New York Five und zwanzig Jahre vor dem sogenannten Dekonstruktivismus zeichnete Reissinger Figuren, die solche Durchdringungen enthielten und einen Stadtraum, der verschiedene historische Schichten instrumentalisierte. Reissinger wollte auf dem Platz den kreuzförmigen Treppensockel errichten, den Friedrich Gilly 1797 für sein ebenfalls nie verwirklichtes Denkmal für Friedrich II. an dieser Stelle gezeichnet hatte. Darüber aber zeichnete er, leicht zu einer Seite versetzt, eine Hochhausscheibe, die diese große Achteckfigur wieder zerschnitt und nur fragmentarisch erlebbar machte. Eckart Reissinger, der begabteste Entwerfer, der mir begegnet ist, ist leider viel zu früh bei einem Skiunfall ums Leben gekommen. Ende der sechziger Jahre gab es dann das Haus Hofman in Hamilton von Richard Meier (6), und bald darauf die Villa III von Peter Eisenman (7), die mit solchen Durchdringungen arbeiten. Aber diese eher akademischen Beispiele machen auch deutlich, daß Durchdringungen – als bloße entwurfliche Manipulation und ohne historische „Geschichte" – leicht gestelzt und maniert werden können.

Jedenfalls scheint mit, daß Durchdringungen eigentlich nur dann die dieser Aktion innewohnende Dramatik erst richtig und unmittelbar ent-

6/7

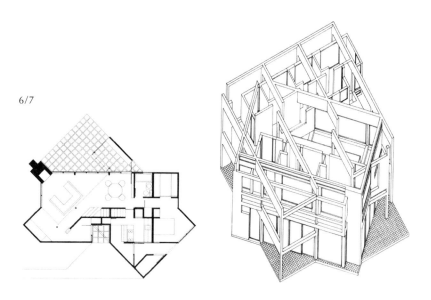

wickeln, wenn wirklich Altes und Neues miteinander verschränkt wird: etwa das wiederaufgebaute Berliner Stadtschloß mit dem Palast der Republik wie in unserem Wettbewerbsentwurf von 1993 (vgl. S. 199) oder der 1994 freigelegte „Halbe Mond", ein Ravellin der barocken Stadtbefestigung von Kassel, mit dem spätbarocken Parterre des Friedrichsplatzes und, von oben her einsehbar, mit der neuen Tiefgarage darunter, wie ich es damals – leider zu spät – vorgeschlagen hatte.

Dieser Fall ist so prototypisch, daß ich ihn hier kurz darstellen möchte. Der große Friedrichsplatz in Kassel, Zentrum der alle fünf Jahre abgehaltenen Weltkunstschau *documenta*, einer der größten Stadtplätze Europas, verdankt seine Entstehung der Stadtbefestigung, die hier bis ins 17. Jahrhundert die Stadt zickzackförmig mit Bastionsmauern und Graben umgrenzte. Um nun das wie überall große Parkplatzproblem zu lösen, hatte 1993 der pfiffige Investor eines anliegenden Großkaufhauses vorgeschlagen, eine zweigeschossige Tiefgarage mit fast 500 Plätzen unter dem Platz zu verstecken und diese bis dicht vor sein Kaufhaus zu legen. Obwohl man schon bei einem ersten Garagenbauwerk unter dem östlichen Platz festgestellt hatte, daß die alte Befestigungsanlage noch komplett erhalten war, genehmigte die Stadt das Garagenprojekt, bei dem die gesamte Anlage schräg über den alten Ravellin hinweggezeichnet wurde. Wäre man bei der Projektierung der Schräglage des Ravellins gefolgt, um ihn nicht zerstören zu müssen, hätte die Garage ausgerechnet in Richtung auf die „Konkurrenz" des Betreibers gelegen, und das durfte natürlich nicht sein. Nun hatte sich aber der Denkmalschutz ausbedungen, die alte Bastion zwecks archäologischer Aufnahmen vor ihrem Abriß komplett freizulegen. Das führte

8/9

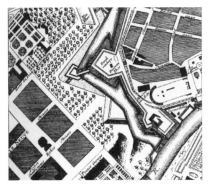 

nun dazu, daß auf dem Friedrichsplatz diese ganze prächtige Stadtbefestigung wiedererstand (8/9). Das von Krieg und Straßenbau total zerstörte Kassel wurde mit einem Schlag als historische Stadt wiedererkennbar – natürlich begann nun erneut die Diskussion in der Stadt, ob man nicht wenigstens Teile dieser Stadtmauer erhalten könnte. Und eine wackere Bürgerin setzte beim Verwaltungsgericht mit Erfolg ein Bürgerbegehren zum Erhalt der Stadtmauer durch. In dieser Situation – eigentlich viel zu spät – habe ich mir die Planungsunterlagen für die Tiefgarage besorgt und einen Rettungsvorschlag gezeichnet. Danach hätte, bei einem Verlust von nur 23 Stellplätzen, ein großer Teil des spitzen Vorwerks mit Stadtgraben stehenbleiben können, und zwar von der Stadt her sichtbar. Denn ich schlug vor, auf der stadtzugewandten Seite außerhalb der Stadtmauer die Garagendecke wegzulassen, und verlegte die Rampe vom ersten ins zweite Garagengeschoß in den ehemaligen Stadtgraben. Die Bastion wäre also plötzlich nach oben in den Barockplatz durchgedrungen und der ganze Friedrichsplatz mit seiner Geschichte erkennbar geworden: Was früher Stadtgraben war, wäre jetzt Garagenabfahrt geworden, was Volumen war, wäre Hohlraum, Barock wäre oben, Garage unten gewesen und so weiter. Die Lokalzeitung berichtete anderntags über diesen Vorschlag, und nun hatte die Stadt den Schwarzen Peter in der Hand (10). In der Stadtverordnetenversammlung tags darauf hielt der Baustadtrat die Zeitung mit meiner Zeichnung hoch und fand natürlich nur lobende Worte für diesen Vorschlag, um dann – wider besseres Wissen – zu erklären, daß dadurch leider, leider Mehrkosten entstünden. (Der Leiter des Bauunternehmens hat mir später gestanden, daß meine Lösung billiger gekommen wäre.)

10

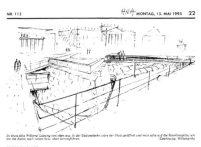

Zum Erstaunen der Öffentlichkeit erwirkte nun der zweite Bürgermeister der Stadt, eigentlich ein Befürworter des Garagenprojekts, in einem Eilantrag einen Baustop „zum Schutz des Bürgerbegehrens". Das erwies sich jedoch bald als eine Finte des ehemaligen Verwaltungsrichters. Denn er hatte nur dem Träger den Ball zugespielt, damit dieser seinerseits vors Verwaltungsgericht zog, um die Aufhebung des „unrechtmäßigen" Baustops einzuklagen, und die bekam er auch. Der trickreiche Bürgermeister hatte ihm nämlich, was erst jetzt herauskam, wohlweislich den Friedrichsplatz, jedenfalls dessen Unterseite, schon vor Baubeginn in Erbpacht „verkauft". Natürlich kassierte der sechste Senat des Landesverwaltungsgerichts dieses Urteil wenig später, aber da war die schöne Festung schon zertrümmert, innerhalb weniger Stunden. Statt dessen steht nun im Dunkel der Garage an ihrem Ausgang ein mumifiziertes Mauerstück – wie üblich in solchen Fällen.

Ich habe diese Geschichte erzählt, weil sie die Dramatik vorführt, aus der architektonische Durchdringungen entstehen. Und weil sie zeigt, was Dekonstruktivismus sein könnte: jedenfalls nicht Bauen auf einer tabula rasa. Hier ist das Drama zwar gescheitert, alles ist oberflächlich wieder in Ordnung, aber man sieht: Es ist ein bestimmter Umgang mit Sachen, mit Beständen, die im Weg stehen. Dekonstruktivismus sollte jedenfalls nicht als „Durchdringungsstil" mißverstanden werden. So etwas mag ja als großes Spektakel zu Zwecken der Stadtvermarktung nützlich sein. Aber im Regelfall sollten wir den Dekonstruktivismus gerade umgekehrt als die *Kunst der Interpretation und Wiederbelebung der Geschichtstrümmer* verstehen, die wir überall um uns herum noch finden. Aber dies ist eine mühselige und oft auch unpopuläre Kunst, und wir haben bislang fast alle Schlachten gegen die „Alles-neu-Macher" verloren. Aber es gibt Beispiele für gelungene dekonstruktivistische Aktionen: Im Ruhrgebiet im

11/12

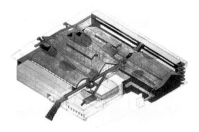

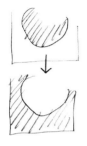

Bereich des IBA-Emscherparks oder in Frankreich: zum Beispiel Bernard Tschumis Kulturzentrum Le Fresnoy (11/12). Diese Arbeit zeigt am besten den räumlichen Reichtum und die schier unglaublichen Möglichkeiten, die eine solche Uminterpretation alter Teile für neue Zusammenhänge bietet.

Eine etwas andere Form der Erzeugung von Ambivalenz wird in letzter Zeit in Japan von Shinuaras Schüler Toyo Ito ausprobiert. Dabei werden die Eigenschaften von Volumen (= geschlossen) und Zwischenraum (= offen) vertauscht: Das Foyer ist der geschlossene Innenraum, das eigentliche, konkave Volumen aber der Außenraum. Auch diese Ambivalenz kennen wir aus der Malerei, wo zum Beispiel ein weiblicher Akt, also im perspektivischen Raum ein Körper, auf der Ebene der Leinwand nur ein blasser Zwischenraum ist, wohingegen der räumliche Hintergrund zum eigentlichen malerischen Körper wird: etwa bei Amedeo Modigliani (13). Ein weites Feld für die Anwendung solcher Ambivalenz ist wieder der Umgang mit Beständen. Mir fällt hier eine Situation ein, wo es um eine ehemalige Kavalleriekaserne ging. Dort gab es – noch – eine schöne Reithalle, die am Rande eines von Stallungen gebildeten Hofs stand und von den Auslobern des Wettbewerbs zum Abriß freigegeben worden war. Wir verfolgten eine Zeitlang ein Konzept, bei dem das Volumen der Reithalle nach Herausnehmen des hinfälligen Daches der zentrale freie Platz in einer Art Teppichsiedlung geworden wäre. Aus dem Volumen Reithalle wäre ein Außenraum geworden, mit einer Arkade aus den schönen alten Bogenfenstern umgeben. Wir

13

hätten die alte Jacke sozusagen linksherum angezogen. Hier im Bestand eröffnen sich ungeahnte Möglichkeiten. Ein verwirklichtes Beispiel für eine solche Umkehrung ist die Reparatur des erdbebenzerstörten Zentrums von Salemi, wo die Architekten (Alvaro Siza und Roberto Collová) die ganz zerstörte Kathedrale in einen städtischen Platz verwandelt haben (14). Immer wächst das Neue auf dem Alten. Denn Kultur heißt Bauen und nicht Zerstören!

7.2 Das Nebeneinander des Unvereinbaren: Dekonstruktivismus

Die andere Aktion zur Erzeugung von Vielheit ist Konfrontation. Statt ein großes Gebäude zu zeichnen, zeichnen wir zwei – oder mehr. Statt alles in einer Richtung zu optimieren, optimieren wir nach verschiedenen Kriterien. Zum Beispiel optimieren wir bei dem einen Gebäude die Wärmespeicherfähigkeit: Wir zeichnen einen schweren Massivbau mit Mauern und Betondecken. Im anderen optimieren wir die Wärmedämmfähigkeit: Wir zeichnen einen leichten Holzbau für Großtafelbauweise. Beide Bauformen haben ihre Vor- und Nachteile, auch in energietechnischer Hinsicht. Aber das Nebeneinander bringt Synergieeffekte. Wir können die bessere Speicherfähigkeit des Steinhauses mehr für die kontinuierliche Tätigkeit, die bessere Dämmung des Holztafelhauses mehr für kurzfristige und spontanere Tätigkeiten nutzen. Wir haben jetzt zwei Vorteile in einem, es sind sozusagen zwei Stile. Ja, in unserer Praxis

14

scheuen wir uns auch nicht, etwa zwei architektonische Stile für eine Aufgabe anzusetzen. Bei der Villa, die wir für die Kasseler Unterneustadt für den Platz gleich neben der schönen alten Hängebrücke zeichneten, gibt es diesen Turm neben dem Haus, der in seiner architektonischen Sprache sehr konservativ ist: Er ist aus Stein und hat stehende, ziemlich schmale und kleine Fenster. Oben in der Südostecke ist ein Brutkasten für eine Schleiereule mit Einflugnische vorgesehen und dahinter ein unzugängliches Biotop aus windzerzausten Bäumen und Buschwerk. Die eigentliche Villa daneben, ein großes Mehrfamilienhaus, mit welcher der Turm durch Brücken verbunden ist, ist im Stil der klassischen Moderne gehalten (15): Ein Domino-System aus Platten und Stützen, große liegende Fenster und außen glatt überputzte Holztafelwände. Eine ganz andere, elegantere Atmosphäre. Diese Zweiheit aus Villa und (Atelier-)Turm bildet mit der schönen Biedermeier-Hängebrücke gleich daneben nun ein etwas rätselhaftes Ensemble. Ist dieser Turm „mit den Bäumen obendrauf" nicht auch aus der Romantik? Gehört er architektonisch zur Biedermeier-Brücke oder zur modernen Villa? Die Zweiheit verwächst mit dem Ort und wird zur Dreiheit.

In der Malerei nennt man diese Konstellation so verschiedener Teile, die mit verschiedenen Assoziationen und Farben verbunden sind: Stilleben. Betrachten wir eine Arbeit von Paul Klee (16), sein letztes Ölbild: Auf schwarzem Grund sind einige in den Farben eigentlich ganz unvereinbare Gegenstände versammelt, wobei sie sich auf einer roten und einer orangefarbenen Platte gruppieren. Nur das Bild eines Engels und ein Mond sind

15/16

dazwischen, der Engel ganz verriegelt, einwärts gekehrt. Klee, der zu dieser Zeit sterbenskrank ist und als „entarteter" Künstler das Dessauer Bauhaus und die Düsseldorfer Akademie und viele Kollegen und Freunde hinter sich gelassen hat, gibt hier wohl ein Bild dieser Welt aus so vielen Unvereinbarkeiten. Verschiedene, kaum zueinander passende Farben, Formen, Inhalte. Solches stillebenhafte Nebeneinander erzeugen wir, wenn wir in der Architektur Teile einander konfrontieren: Wir verselbständigen die Teile durch kontrastierende Farben und Materialien, kontrastierende Atmosphären, kontrastierende Optima, durch deutlich verschiedene Geometrien und – ganz wichtig – durch Drehung gegeneinander. Dieses Verfahren ist wie die zuvor diskutierten ideal in Situationen, in denen schon Teile da sind, die wir mit den neuen in eine Zwiesprache bringen können. Die vorhandene Stadt mit ihren leerstehenden Bauten, ihren verwaisten Industriegebäuden, ihren desertierten Kasernen ist das ideale Terrain für solche Konfrontationen. Wir stellen verschiedenartige Teile einander gegenüber und bringen sie in einen räumlichen Zusammenhang: Langhäuser zum Beispiel, die sich in der Richtung ihrer Pfetten und Traufen „bewegen", und „runde" Häuser, die fest auf dem Boden stehen. Neue Häuser und alte Häuser. „Holz"-Häuser und „Stein"-Häuser. Ein sehr poetisches und stilles Beispiel solcher Vielheit findet sich übrigens in der „Kunsthal" in Rotterdam, von der ja in der letzten Lektion die Rede war. Dort gibt es unter dem weit vorkragenden Dach an der Seite zur großen Straße drei verschiedene Stahlstützen nebeneinander. Da ist das Thema wieder: keine Optimierung! Auch sind die beiden Teile der Großform, wie wir schon gesehen haben, aus verschiedenem Stoff: Stahlbau links und Betonbau rechts der inneren Rampe. Ich selbst habe am Ende meines Studiums schon einmal eine Zeitlang – noch bevor uns die Wut über den Vietnamkrieg in Berlin erreicht hatte und Herbert Marcuses Essay „Repressive Toleranz" erschienen war – an diesem Thema gearbeitet. Meine letzte Studienarbeit im Seminar bei Oswald Mathias Ungers, wir sollten eine Kunstgalerie entwerfen, hieß im Untertitel: Collage aus drei Stilen (17). Mich faszinierte die Vorstellung, drei ganz verschiedene Handschriften für ein solches Bauwerk einander zu konfrontieren. Der Kopfbau war ein Betonkubus über einem Luftgeschoß, der nach oben gerichtet war: grob und kraftvoll wie aus der Hand Le Corbusiers. Daneben gab es einen langen Trakt unter einem locker gewellten Dach, wie ein liegender Akt, ganz in der Handschrift Alvar Aaltos. Entlang der Straße lief eine schwebende Platte auf Stützen über einem einige Stufen hohen Sockel: Mies. Diese drei Figuren umrahmten einen Skulpturen-Hof. Ich kann mir vorstellen, was passiert wäre, wenn sich ein Galerist für diese Idee begeistert und die drei Heroen um Mitwirkung gebeten hätte. Mies hätte höflich aber kurz abgesagt, er nehme an solcher Art Bauausstellungen nicht mehr teil. Corbusier hätte mitgeteilt, daß er nicht noch einmal bereit sei, überhaupt in Berlin zu bauen. Bei der Bauausstellung im Hansaviertel hatte er zehn Jahre vorher nur mitgewirkt, nachdem man ihm ein Gelände in schöner Entfernung von allen anderen, aber in wirkungsvoller Nähe zu den Olympia-Sportanlagen von 1936 angeboten hatte. Nur Aalto denke ich, hätte vielleicht zugesagt, wenngleich auch ihm die Idee suspekt gewesen wäre. Alle drei waren Moderne, alle drei noch besessen von der Idee, daß man die Welt in Ordnung – in *ihre* Ordnung – bringen müßte. Daß aus ihren Variationen des Themas auch gegeneinander erst die richtige Musik wird – darauf wären sie nie gekommen.

Gerade in der Zeit, als ich im Seminar von Ungers dieses „Museum in drei Stilen" zeichnete, fiel mir in einer Zeitung ein Zitat des ungarischen Philosophen Nicolaj Berdiajew in die Hände, das mich damals sehr beeindruckte, und das mich bis heute immer begleitet hat. Berdiajew hatte 1956, bevor die sowjetischen Panzer den ungarischen Aufstand niederrollten, warnend festgestellt: „Utopien sind verwirklichbar, das Leben schreitet auf sie zu. Und vielleicht beginnt ein neues Zeitalter, ein Zeitalter, darin die geistige und gebildete Oberschicht von Mitteln und Wegen träumen wird, den Utopien auszuweichen und zu einer nicht-utopischen, einer weniger ‚vollkommenen', aber freieren Gesellschaftsform zurückzukehren." Pathetische Worte. Aber ein schönes, dekonstruktivistisches Programm, auch für die Kunst und die Architektur.

17

Bildlegenden

1   Le Corbusier: Notre Dame du Haut, Ronchamp, Foto: Ingeborg Lettow
2   Le Corbusier: Notre Dame du Haut, Ronchamp, in: W. Boesiger (Hg.),
      Le Corbusier et son Atelier rue de Sèvres 35, Œuvre Complète, Vol. 6 1952–1957,
      Zürich 1957
3   Pablo Picasso: L'Atelier, 1928, Postkarte, Peggy Guggenheim Collection, Venedig
4–5   Eckart Reissinger: Entwurf zum Leipziger Platz, Berlin, Studienarbeit, in:
      O. M. Ungers (Hg.), *Veröffentlichungen zur Architektur an der Architektur-*
      fakultät der TU Berlin, Heft 8, 1967
6   Richard Meier: Haus Hoffman, East Hampton/N.Y., 1966–1967, in: Silvio Cassarà,
      Richard Meier, Basel/Boston/Berlin 1996
7   Peter Eisenman: Haus III, Lakeville, Connecticut, 1969–1971, in: Pippo Ciorra,
      Peter Eisenman – Bauten und Projekte, Stuttgart 1995
8   Friedrichsplatz, Luftaufnahme, in: Landesamt für Denkmalpflege in Hessen (Ed.),
      Stadt Kassel I – Baudenkmale in Hessen, Braunschweig, Wiesbaden 1989
9   Ausschnitt aus dem Stadtplan von 1781 von F. W. Selig
10   Ausriß aus den Hessischen Neuen Nachrichten HNA, 15. Mai 1995
11–12 Bernard Tschumi: Kulturzentrum Le Fresnoy, 1997: Isometrie und Innenraum
      über dem Dach der alten Fabrik, in: *Arch + 138,* Aachen 1997
13   Amedeo Modigliani: Liegender weiblicher Akt mit ineinander gelegten Händen,
      1917, Öl auf Leinwand, in: *Malerei-Lexikon A–Z,* Köln 1998
14   Baufrösche Kassel: Villa an der Drahtbrücke in Kassel, Projekt 1998
15   Paul Klee: Ohne Benennung, 1940, in: Susanne Partsch, *Paul Klee 1879–1940,*
      Köln 1990
16   M. W., Skizze zu einem Entwurf für eine Galerie in Berlin, Studienarbeit bei
      O. M. Ungers, 1965
17   Alvaro Siza Vieira, Porto, und Roberto Collovà, Palermo: Stadterneuerung des
      1968 erdbebenzerstörten Salemi, Italien, in: *Detail,* Juni–Juli 2000

8

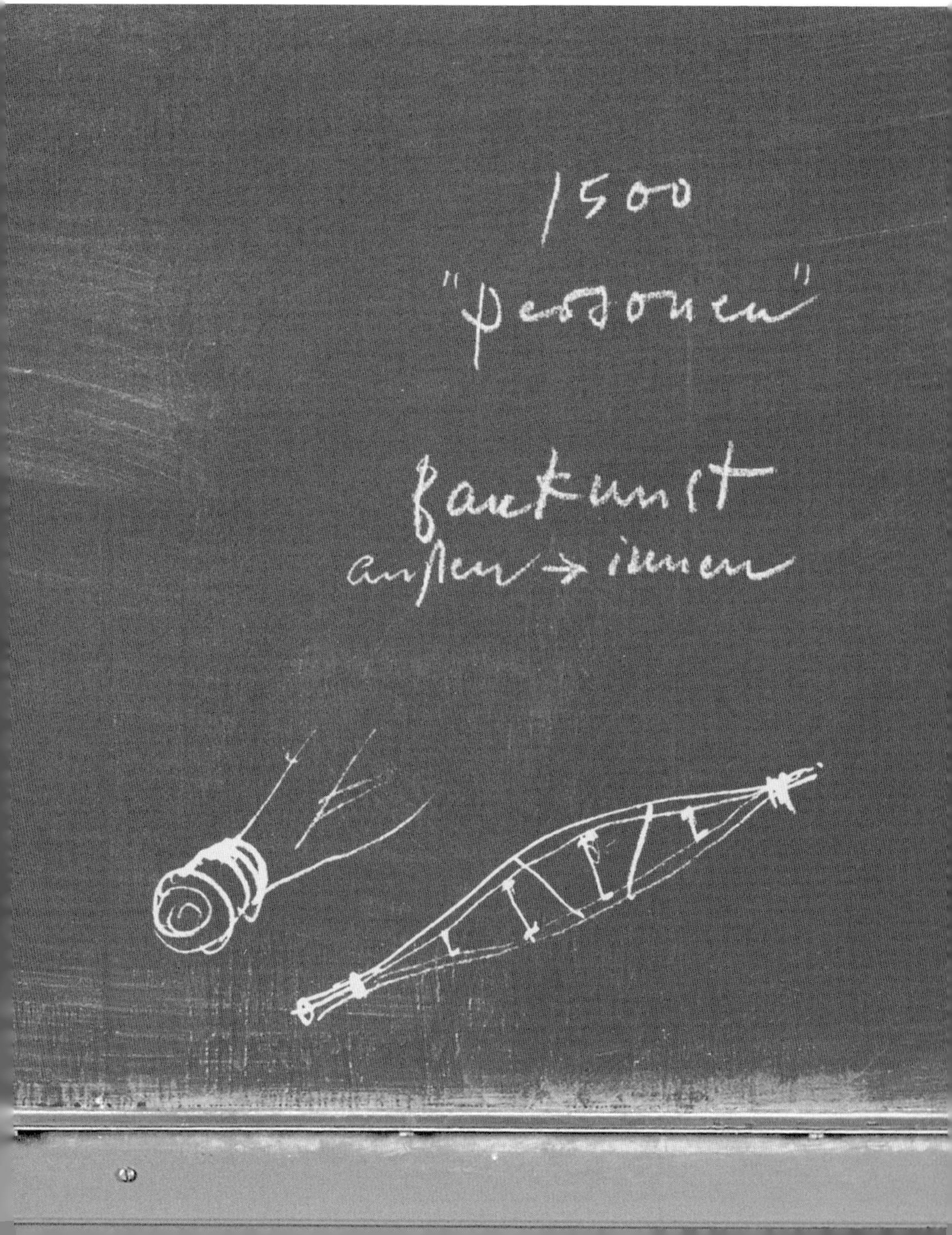

1790

"Bürger"

Architektur –
Architektur

"von innen
nach außen"

8 Über die Kunst der Außen- und Zwischenräume

Wir haben bisher einige Formen und Strategien kennengelernt, nach denen wir Teile zu Bauten zusammenfügen, „komponieren". Diese Übersicht war sicher nicht vollständig, und wir sollten uns hüten zu glauben, daß dies alle Strategien architektonischer Komposition seien. Ich habe nur einige aufgezählt und dargestellt, damit eine Ahnung davon entsteht, was überhaupt mit Komposition in der Architektur gemeint sein könnte und wie Architektur entsteht. Wir haben ja beim Abschnitt über die Zauberkiste schon eine solche Aufzählung kennengelernt, nämlich die, mit der Le Corbusier arbeitete. Meine Aufzählung hier ist neutraler und erfaßt verschiedenere Formen. In den neunziger Jahren wurden Strategien wie Faltungen, glatte Räume, Elastizität und so weiter diskutiert. Es ist aber unschwer zu erkennen, daß sie schon eher zum Gebäude-Design gehören: Es sind eher Methoden, die nicht Schrittfolgen, sondern komplexe dynamische Raumzustände beschreiben, die immer dann entstehen, wenn wir die banalen Begrenzungen der „Viereckigkeit" und der Lotrechten verlassen.

Nun müssen wir uns fragen, welche anderen Kategorien bei der klassischen Komposition von Räumen noch eine Rolle spielen. Denn die von mir behandelte Reihe ist nur ein Aspekt. Ein anderer ist die Art oder, genauer, die Richtung, in der wir einen Entwurf zusammenbringen: von innen nach außen oder von außen nach innen? Jeder erfahrene Entwerfer wird diese Frage so beantworten: in beiden Richtungen! Und das ist ja sicher auch richtig. Doch nur zu gut klingt den Älteren unter uns noch die Losung unserer funktionalistischen Lehrmeister im Ohr: von innen nach außen entwerfen! Das war ja gerade ihr Vorwurf an die vormoderne Architektur, immer sei von außen entworfen worden, vom repräsentativen Erscheinungsbild her. Aber um den Sinn dieses merkwürdigen Gegensatzes besser zu begreifen, müssen wir einen kleinen Exkurs in die Geschichte machen und wie bei einer Zugfahrt den Kopf aus dem Abteilfenster strecken, um besser zu sehen, wo wir uns eigentlich gerade befinden.

8.1 Exkurs über Historismus, Moderne und Postmoderne

[handschriftliche Notiz: Baukunst außen → innen]

Tatsächlich ist die Architektur immer hauptsächlich „von außen" entworfen worden. Seltsam nur, daß dies in der Moderne dann angeblich nicht mehr geschah oder geschehen sollte. Das war einer der vielen Kopfstände, die man im Geiste von „Absolut modern sein"[1] vollführte. Jedenfalls war es zuvor immer darum gegangen, wie Gebäude zu ihrer Umgebung und zueinander in Beziehung gebracht werden sollten. In Europa war dieses jedenfalls

[handschriftliche Notiz: /1500 „Personen"]

das Thema, als zu Beginn der Neuzeit „*Personen*", agierende Bürger aus dem Schatten der alles überragenden Mutter Kathedrale auf die *piazza* hinaustraten: aus dem isometrischen, hierarchisch geordneten „Schema" in den perspektivisch auf ein Subjekt bezogenen Raum[2] (1). Jetzt entstand die Baukunst der Bau-Künstler: starker Persönlichkeiten, die perspektivisch denken und zeichnen konnten, gleichwohl *Handwerksmeister* waren. Jeweils ein solcher Handwerker-Architekt übernahm die Aufgabe, die von unterschiedlichen Handwerkern zu gestaltenden Bauteile und die Gebäudemassen in einen kompositorischen Zusammenhang zueinander und zur Umgebung zu bringen. Er komponierte also das Ganze und betätigte sich darüber hinaus als Stadtarchitekt, als Architekt der Stadträume, „von außen". Und er bediente sich dazu einzig und allein der Komponenten, die wir schon kennengelernt haben. Wobei die Dachstühle und die verfügbaren Wölb-

1

techniken die Formvielfalt begrenzten und der Phantasie dieser Meister einen Rahmen setzten, in dem sie dann doch alle diese wunderbaren Innen- und Außenräume schufen, die wir noch heute bewundern. Fast alle Entscheidungen zu Gebäudeentwürfen gingen aus ihrer Einordnung in einen Stadtraum hervor. Und in der Regel zeichneten die königlichen Auftraggeber dabei kräftig mit.

Mir fällt in diesem Zusammenhang ein Bericht des Schweizer Architekten Felix Sigrist ein, den er an unserer Hochschule 1992 über seine Arbeit in Bhutan gegeben hat. Sigrist sollte in diesem weltabgeschiedenen Hochland des Himalaya im Auftrag einer Schweizer Hilfsorganisation einen Komplex aus einem Krankenhaus und einer Schule für Landwirtschaft planen. Doch anstatt zu entwerfen, übernahm er genau die Rolle des Baumeisters, wie es sie dort noch gab. Als Baumeister hatte er sich darum zu kümmern, daß die tradierte Form für ein solches Gebäude auf bestimmte Zwecke hin bemessen wurde: daß es, erstens, schön in seiner Nachbarschaft stand, und daß, zweitens, die einzelnen Meister wußten, welche Teile sie an welchen Stellen in das Gesamtwerk einzufügen hatten. Auch ihre Arbeit war in groben Zügen durch die Regeln des Handwerks bestimmt und ließ der schöpferischen Phantasie nur in einem festgelegten Rahmen bestimmte Freiheiten. Sigrist zeichnete also wie ein Baumeister der Renaissance die Umrisse, legte die Lage in der Topographie fest und beauftragte verschiedene Meister ihres Fachs, die Bauteile nach den Regeln ihrer Kunst herzustellen. Nur drei Jahre später – das muß man sich einmal vorstellen! – war das Bauwerk, ganz ohne elektrischen Strom und von LKW-Transporten abgesehen ohne jegliche Maschinen – fertiggestellt (2–5). So ähnlich müssen wir uns wohl die Entstehung der Werke der Baumeister-Baukunst auch hier im alten Europa vorstellen. Die Bauzeiten waren trotz des enormen handwerklichen Aufwands, trotz all dieses ornamentalen Reich-

2/3

tums eben häufig doch nicht viel länger als bei heutigen Bauten. Aber die architektonischen Freiheitsgrade dieser Kunst waren geringer, lagen eher in der Komposition der Bauten und ihrer Hauptteile zueinander und zum bereits bestehenden Stadtraum, sowie in der Art, das Tageslicht in den Bau zu bringen als in der Durchgestaltung der Bauten selbst. Der Bauprozeß brachte also – ganz anders als heute – etwas für jedermann Erwartetes hervor, wobei bestimmte Neuerungen im üblichen Gefüge wie ein „zu hoch" liegendes Sims am neuen Palast eines Barockarchitekten durchaus ein gewisses Erschrecken oder Erstaunen hervorrufen konnten.

Erst als die Funktionen der Gebäude immer differenzierter wurden, als durch Einführung erster Industrieprodukte und wissenschaftlicher Erkenntnisse die althergebrachten Regeln der Kunst und des Handwerks teilweise gegenstandslos wurden, drohte dieser Kanon erwartbarer und tradierter Formen ganz aus den Fugen zu geraten. Es entstand ein neuer Typ von Architekt, der einerseits darauf bedacht sein mußte, neuartige betriebliche Inhalte mit den vertrauten Formen in Einklang zu bringen, und der andererseits sehen mußte, wie diese riesigen neuen Anlagen unter Einsatz neuer industrieller Produkte und Techniken und der alten Baugewerke zu realisieren waren – zu Niedrigkosten. Und die neuen Spezialisten waren um so besser, je weniger sie an irgendwelche Zunft- und Handwerksregeln gebunden waren: Sie waren also keine Handwerker mehr, sondern zuerst gebildete Leute, die beispielsweise Medizin und Astronomie studiert hatten, oder Militärs, die Erfahrungen mit Befestigungsanlagen hatten, oder einfach gewitzte Schlauberger, die sich – wie Mac Adam, der die Teerstraßen erfunden hat – mit dem Pferdehandel über Wasser hielten. Diese Leute brachten die alte Baukunst zwar gehörig durcheinander, aber ihre Leistung war eigentlich, daß sie dabei

4/5

das alte Architekturthema nicht aus den Augen verloren und diesen Umsturz für das Publikum erträglich machten. Sehen wir uns an einem Beispiel an, wie die ersten Berufsarchitekten damit fertig wurden, neue Anforderungen mit neuen Baustoffen und Baumethoden zu beantworten, ohne das Publikum unnötig zu verstören. Vor rund 210 Jahren, wenige Jahre nach der Französischen Revolution, hatte der Geheime Baurat und Architekt Georg Ludwig Friedrich Laves in Hannover die Aufgabe zu lösen, einen Theatersaal mit einer Decke von mehr als 20 m Spannweite zu überspannen – damals eine für Decken schier unglaubliche Spannweite. Laves ließ 20 m lange Stämme auf der Baustelle von Bauschmieden an beiden Enden mit Eisenmanschetten umschließen und ordnete danach an, daß die Zimmerleute sie zwischen den Manschetten mit Beilen der Länge nach auftrennen sollten. Dann ließ er beide Hälften mit Keilen und Spindeln auseinanderzwingen und den entstehenden Fischbauchträger durch zwischengestellte Holzstempel und Eisenbänder sichern.[3] Laves hatte instinktiv erfaßt, daß die Vergrößerung der Trägerhöhe bei fast gleichem Materialaufkommen dessen Tragfähigkeit erhöht – was Statiker später mit dem Trägheitsmoment beschreiben werden. Für das Publikum aber war davon außer der prächtigen Saalgröße nichts spürbar. Zugleich hatte Laves den zünftigen und kunstgerechten Bau durcheinandergebracht und aus Handwerkern Bauarbeiter gemacht. Das ist beispielhaft ein Stück Industrialisierung, und wir sehen, wie dieser Augenblick gleichzeitig den Bauarbeiter und den Berufsarchitekten hervorbringt.

Von nun an sprechen wir darum besser nicht mehr von Baukunst, sondern von *Architektur* oder noch deutlicher: von *Architekten-Architektur*.

Das ist der Anfang der Modernen Architektur, wie sie Leonardo Benevolo eindrücklich beschreibt. Diese Architekten-Architektur ist – in viel stärkerem Maße als die Baukunst – auf die betrieblichen Zwecke der Gebäude und die Bewältigung der jeweiligen bautechnischen Probleme ausgerichtet, wenngleich zunächst nur hinter den klassischen Fassaden. Aber mit der Entstehung neuer Baustoffe, vor allem neuer Dachdeckungsmaterialien, kann sie sich zunehmend aus den Fesseln der Viereckigkeit befreien und sich nun – schon zu Zeiten der Französischen Revolution – daran machen, die neuen „Betriebe" analog zu den bürokratischen und enzyklopädischen Begrifflichkeiten ohne

Rücksicht auf sonstige Traditionen zu organisieren. Wir hatten im Zusammenhang mit den organisatorischen Superierungen schon davon gesprochen: Jetzt entstehen aus all diesen neuen Klassifizierungen der wachsenden Bürokratie all die neuen „Anstalten", die – sowohl nach Art ihres betrieblichen Inhalts als auch hinsichtlich ihrer Baustoffe und der Art der Baumethoden alles andere als tradiert und vertraut waren. Es war die Kunst dieser frühen Berufsarchitekten, das gewaltige Bauvolumen und alle die ungeheuren Veränderungen und Verfremdungen der neuen Welt so zu bemänteln, daß die damaligen Provinzstädter sich darin doch noch zurecht finden konnten: Mit dem sogenannten Historismus wahrte man immerhin ein Stück *Vertrautheit und Würde*. Erst Anfang des 20. Jahrhunderts ging man dann daran, die historistischen Hüllen nach und nach fallen zu lassen. Von nun an glaubte die Avantgarde, man müsse nicht mehr von der Stadt, von außen und von vorne, sondern von innen, von hinten, vom Betrieb her entwerfen. Ja man traute sich sogar zu, ganze Stadtteile und gar Städte in dieser Manier als große Betriebe mit verschieden klassifizierten „Nutzflächen" auszudenken. Von innen nach außen: Städte wie gigantische Anstalten, ja wirkliche Heilanstalten, am „vollkommensten" in Murmansk in Sibirien, unter stalinistischem Diktat. Sonst ist die Menschheit von solchen Großversuchen – meist wegen der verworrenen Gegebenheiten überkommener Grundbesitzverhältnisse – verschont geblieben. Aber zumindest Gebäude wurden jetzt von innen nach außen entworfen.

Erst in der Generation meiner Lehrer, Egon Eiermann und Paul Baumgarten, löste sich dieser Anstalts-Funktionalismus schließlich ganz in einer mehr an konstruktiven und technischen Erfahrungen orientierten „Gebäudelehre" und im sogenannten „Detail" auf. Es entstand eine kurze Epoche, in der Mies – verständlicherweise – der absolute *„King"* war: Er brachte anscheinend so etwas wie eine neue Baumeister-Objektivität zurück. Die Gebäude waren nun keine „Anstalten" mehr, sondern ganz unspezifische „Tempel", und sie knüpften mit Stahl und Spiegelglas an die alten handwerklich-kompositorischen Regeln und Strategien an. Man konnte glauben – und sehr viele glaubten das damals –, daß mit Mies die Baukunst der Baumeister in modernem Gewand zurückgekehrt sei – wobei das „gute Detail" die Konkretion dieser Selbsttäuschung war: In der Ausbildung eines „guten", das heißt werk- und materialgerechten Details konnten sich Architekten noch wie Baumeister fühlen. Ich habe das eingangs am Beispiel der „mittelalterlichen" Baustelle der Nationalgalerie dargestellt. Noch in jedem Provinznest befleißigten sich die Architekten beim Bau von Versicherungen und Bankfilialen jetzt „sauberer" Mies-Details, und in Karlsruhe hielt der deutsche Mies-Botschafter Egon Eiermann Vorlesungen über richtig und falsch geschnittene Knopflöcher in Hemden – statt parallel sollten sie besser quer zum Saum sitzen – und gab andere verblüffende Erkenntnisse über das gute, handwerkliche Detail zum besten. Für uns Jüngere war jedoch allzu deutlich, daß diese Architektur eine modernistische Handwerkelei war, ja daß sie eigentlich nur noch aus aufwendigen Details bestand und weder mit Architektur noch mit Ingenieurarbeit, also mit der Herstellung eines optimalen Kosten/Nutzen-Verhältnisses irgendetwas zu tun hatte. Für die Probleme des Wohnens und vor allem für die Erhaltung und Erweiterung von Stadt hatte dieses Denken keinerlei Konzept. In dieser Beziehung knüpfte sie gerade nicht an die Baukunst der Baumeister an. Dies änderte sich erst Mitte der sechziger Jahre, in der Zeit also, als Mies seine Nationalgalerie in Berlin fertigbaute.

Damals schrieb Oswald Mathias Ungers ein Diplomthema mit dem Titel „Berliner Straßen und Plätze" aus – das war die neue Sichtweise. Und zu meinem Erstaunen hielt er in dieser Zeit auch eine Vorlesung über den Historismus, in der dieser erstmals nicht einfach als Demenz der klassischen Architektur dargestellt wurde. Ganz im Gegenteil: Ungers zeigte, mit welchen Verfahren der Historismus die verschiedensten, anscheinend unvereinbaren Komponenten aus der Geschichte zu ganz neuen Einheiten komponiert hatte. Und diese Sichtweise, noch ergänzt durch die sarkastische Architekturkritik unseres Mitstudenten Wolf Meyer-Christian, der zusammen mit dem jungen Statik-Professor Stefan Pólony die Ingenieurtechnik gegen den ästhetischen Architektur-Technizismus ausspielte, brachte Bewegung in die festgefahrene Architekturszene. Einer von Meyer-Christians im Ungers-Seminar gefertigten Studienentwürfen ziert denn auch nicht zu Unrecht den Einband von Heinrich Klotz' Jahrbuch für Architektur 1981/1982 (6). Hier begann eine neue Art, mit architektonischen Aufgaben umzugehen. Sie zeigte sich auch darin, daß nicht mehr perspektivisch, sondern isometrisch, nicht mehr mit weichem Bleistift, sondern mit scharfem Tuschestrich gezeichnet wurde. Die von allem Pflanzenwerk und sonstigem Stimmungsdekor befreiten Zeichnungen der Ungers-Klasse gaben 1965 den neuen, trockenen und oft sarkastischen Ton an, mit dem dann auch bald über Grundrenten, Mietpreise und die „Unwirtlichkeit unserer Städte" geredet wurde. Jedenfalls wurde der Blick klarer und vorurteilsfreier und ging jetzt über die Grenzen der Privatgrundstücke hinaus. Das Gebäude war endlich wieder ein Teil des Stadtraums – und wir glaubten nichts mehr und wollten alles „noch einmal ganz von vorne" wissen.

158

Ich erinnere mich an Diskussionen in der Ungers-Klasse, wo wir überlegten, wie eine Architektur beschaffen sein müßte, die man mit wenigen Begriffen „vom Stadtrat beschließen lassen" könnte. Eine Architektur aus der linken Gehirnhälfte: Rationalismus! In Italien gab es den gleichen Aufbruch, später dann die „Tessiner Schule", die vor allem durch den in Venedig lehrenden Aldo Rossi beeinflußt war und ebenfalls an die „linke", rationalistische Baugeschichte anknüpfte. In England Alison und Peter Smithson und James Stirling, der übrigens bei uns in der Ungers-Klasse Korrekturen gab. Alle diese Architekten entdeckten den Zusammenhang von Gebäude und öffentlichem Stadtraum wieder und begannen, sich vom sogenannten „Detail" mehr dem technischen und rational faßbaren Ganzen zuzuwenden. Das Gebäude war keine isolierte Maschine und Anstalt mehr, sondern Teil eines größeren städtischen, auch sozialen Kontextes.

Manche, wie Stirling und übrigens auch Ludwig Leo, der ebenfalls im Ungers-Seminar Korrekturen gab, trennten sich dabei nicht vom Funktionalismus. Sie nahmen ihn aber jetzt für die „Nutzer" in Anspruch und luden ihn mit einem gewissen Pathos und einer Ruppigkeit auf, die ihn deutlich von der dürren Mies-Moderne unterschieden. Mit Ernst Gisel, einem bekannten Schweizer Repräsentanten dieser Richtung, haben wir 1989 an einem Wettbewerb um das Haus der Wirtschaft in Kassel zusammengearbeitet. Fasziniert – aber natürlich auch entsetzt – konnten wir dabei zusehen, wie er unseren schönen Entwurf (7) nach und nach wie ein Stück Wildbret auswaidete, alle „guten Räume", wie er sie nannte, alle diese Organe wie etwa die kleine Bibliothek oder den Konferenzsaal nach außen kehrte, um damit dann – und darin kamen diese Funktionalisten uns nahe – einen Außenraum herzustellen. „Ihr macht ja schon wieder Woh-

6

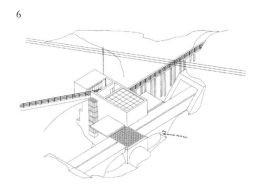

nungsbau!" sagte er zu unserem Entwurf (7), und verstand gar nicht, daß das doch unser Programm war. Er wollte diese Formen herausarbeiten, sie „nach außen" zeigen! Und wir hatten sie einfach – im Sinne etwa von Loos' Raumplan – in den Großformen unserer Baustruktur verschwinden lassen, um dort mit der Mischung verschieden großer Raumvolumen auch eine Mischung verschiedener Aktivitäten zu erzeugen. Aber auch Gisel wollte einen Außenraum, keine Solitäre mehr. Das war damals, das muß man sich klarmachen, noch viel weniger verbreitet als heute, und das war dann auch die Basis, auf der unsere Zusammenarbeit vorankam. Jedenfalls kam es noch zu einem Kompromiß, mit dem wir uns alle gut identifizieren konnten (8). Gisel, in mancher Hinsicht der von ihm hoch geschätzte Ludwig Leo, aber auch Stirling sind Funktionalisten dieser skulpturalen Art. Das letzte Werk Stirlings dieser Machart, die Fabrik von Braun bei Melsungen in der Nähe Kassels, ist eine solche Großskulptur (9): für jede Art Tätigkeit und Funktion ein anderes Organ. Und alle diese Organe sind in der Landschaft ausgebreitet und durch Rohre, Straßen und Laufstege miteinander verbunden – wie ein landwirtschaftlicher Großbetrieb.

7/8

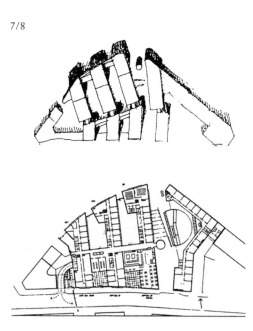

160

In England und Italien, ein bißchen auch bei uns, gab es damals außerdem die „Metabolisten", die futuristische Utopien einer neuen Moderne zeichneten, voller Ironie gegen die bestehenden Lebensgewohnheiten: architektonische „Yellow submarines", witzig, sarkastisch, nie ganz ernst gemeint. In England zeichnete der witzige Cedric Price, wohl beeinflußt von der Gruppe Archigram, eine mobile Waggonuniversität, die vor allem deshalb für uns wichtig war, weil sie die festgefahrenen Denkmuster von funktional „richtigen" Raumzuordnungen durch Verschiebepläne irritierte (10). Und in den USA gab es das Buch *Learning from Las Vegas* von Robert Venturi, Denise Scott Brown und Steven Izenour: eine architektonische Pop-Art-Variante der auch in Berlin und Italien umgehenden Diskussion über die semantische oder semiotische Seite der Architektur. Architektur als Zeichensystem. Da war sie wieder, die (rationalistische) Verbindung der Wörter und der Sachen, die Foucault im Zusammenhang mit der Entstehung moderner Macht so interessiert hat.

Jedenfalls war kurz nach jenem Besuch von „Kaiser" Mies in Berlin 1967 die architektonische Fachwelt völlig aus den Fugen geraten, ich habe ja ein-

9/10

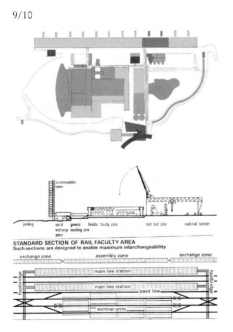

161

gangs schon davon berichtet. Viele von uns verließen das Berufsfeld, gingen in die Planung, in Redaktionen, in die Politik. Ich selbst ging (wie übrigens auch ein Großteil der damaligen Redaktion der Zeitschrift *ARCH+*) zur gerade gegründeten Planungsabteilung des Frankfurter Flughafens. Solche Planungsjobs schienen uns damals die logische Konsequenz dieser neuen Sichtweise. Wir waren nicht Entwerfer, sondern „Planer"! Wir suchten nach Ausgangspositionen, von denen aus man „öffentlich" planen könnte, ohne sich mit privaten Bauherrn zu arrangieren und ohne für den „guten Geschmack" zeichnen zu müssen. „Instandbesetzung" alter Mietskasernen und Fabriketagen in Berlin, Planen und Bauen mit den Bewohnern, organisierte Selbsthilfe und: Wiederbeachtung des öffentlichen Raums und des Systems der „gestuften Öffentlichkeit". Das war auch die Zeit, in der der Künstler Joseph Beuys seine Seminare in Volksdemokratie abhielt. Es war ein erster Anfang von etwas, ein Versuch, die Kunst aus ihrem schönen Ghetto zu befreien. Jedenfalls saßen diejenigen von uns, die

11/12

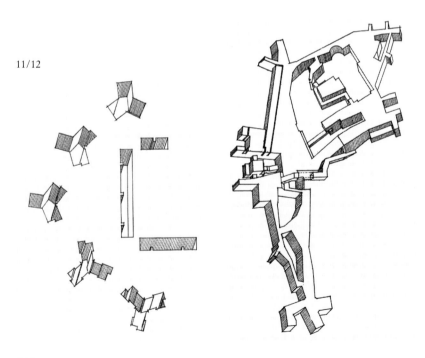

162

Jahre zuvor die Architektur beerdigt hatten, jetzt außerhalb des Fachs und sahen mit leichter Verachtung, wie die im Architekturbetrieb Zurückgebliebenen, auch Ungers, unsere Anfänge zu einem neuen Stil kodifizierten, besonders in der Friedrichstadt. Blockrandschließung mit historischen Zitaten und Säulensemantik: das war das, was wir dann die Klassizismusfalle nannten.[4]

Auf jeden Fall brachten diese turbulenten Jahre eine enorme Vergrößerung des Sichtfeldes, mit dem Architekten arbeiteten: Und erst auf diesem neuen Niveau konnte die Architektur endlich zum Entwerfen „von außen", von der Stadt her, zurückkehren, eine Entwicklung zur Wiederbelebung der Architektur, die mit den Namen der beiden Architekturlehrer Aldo Rossi und O. M. Ungers untrennbar verbunden ist. Nach und nach wurde die im Funktionalismus lange verloren gegangene Beziehung von Innen und Außen wiederentdeckt, und zwar nicht bloß ästhetisch, sondern auch praktisch als fein abgestuftes System der Zugänglichkeit und Verantwortung. Man entwickelte erst allmählich wieder eine andere Sicht auf Architektur und Räume, wofür Benedikt Loderer mit der zeichnerischen Umkehrung von Außen- zu Innenvolumen ein sehr tüchtiges Instrument geschaffen hat. Hier der so gezeichnete Vergleich eines baumeisterlich geplanten italienischen Stadtquartiers mit einem gebauten Beispiel modernen Städtebaus aus der gleichen Stadt Fabiano (11/12).

Inzwischen ging es den Jüngeren darum, die unterschiedlichen Tätigkeiten, Berufe, Fachdisziplinen und so weiter miteinander zu vernetzen und die mannigfachen Fühlungsvorteile zu aktivieren. Hoffmann-Axthelms Ausstellung „Kreuzberger Mischung", in der die erstaunliche Produktivität eines gründerzeitlichen Berliner Stadtteils vorgeführt wurde, der durch eine solche Dichte und Nutzungsmischung gekennzeichnet ist, also

13

das klare Gegenteil funktionalistischer Gliederung, habe ich ja eingangs schon erwähnt. Das eigentliche und immer deutlicher werdende Thema der Postmoderne war konsequenterweise der städtische, diese produktive Mischung ermöglichende öffentliche Raum. Ein Schüler von „OMU" (Oswald Mathias Ungers), der später die inzwischen weltbekannte Gruppe „OMA" (Office for Metropolitan Architecture) gründete, schuf damals mit der Architektin und Malerin Zoe Zenghelis eine Art Cartoon dieser städtischen Potenz: das alles vermittelnde Straßenraster von Delirious New York (13), in dem jeder Block einem anderen Traum/Gott/Götzen gewidmet ist. Eine einprägsame Darstellung des Städtischen, der Metropole. Endlich – nach einer langen autistischen Phase – wandte sich die Architektur in vielfältiger Form wieder der Stadt zu.

8.2 Von außen nach innen entwerfen!

Ich habe diesen persönlich-historischen Exkurs hier eingeschoben, weil ich deutlich machen möchte, daß der Funktionalismus nur eine kurze und weithin ärmliche Episode in der langen Geschichte der Architektur gewesen ist, und daß es vor allem anderen eigentlich immer um zwei Aspekte ging, die hinter der funktionalistischen Gebäudelehre und dem hochgelobten guten Detail eine Zeitlang unbeachtet blieben: *Außenraum und Komposition*. Diese Aspekte waren – wie wir gesehen haben – lange Zeit die Grundsubstanz aller Architektur. Die alten Baumeister hatten nicht

14

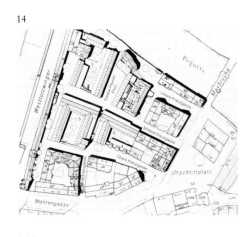

Gebäude im Kopf, sondern einen Zusammenhang von Innen- *und* Außen-räumen. Die von Innenräumen umschlossenen Außenräume, die Über-gänge vom einen zum anderen, vom Dunklen zum Hellen, und wie das Ganze sich zusammenfügen sollte: Das war das Thema, das sie mit dem begrenzten Repertoire an Komponenten zu beantworten hatten, die ich eingangs dargestellt habe. Und sie beantworteten es vielfältig und mit immer neuen Überraschungen. Blättern wir aber in heutigen Architek-turzeitschriften, so sehen wir immer nur Gebäude, häufig extravagante Gebäude, die in ihrem Narzißmus gar nicht dazu taugen, einen größe-ren architektonischen Außenraum herzustellen. Sie sind, um den alten Tessenow zu zitieren, „begleitet von einer allgemein betonten Hochschät-zung des Eigenartigen, des Auffallenden, des ‚Übergescheiten‘, u.s.w. [und als] auffällige Neuerungen oder Eigenartigkeiten immer unbaumeister-lich." Was diese Art Baumeisterlichkeit angeht, so haben die Südeuropäer hier die größeren Fortschritte gemacht, besonders Giorgio Grassi, die-ser italienische Sohn Tessenows, aber auch Luigi Snozzi im Tessin, ein viel zu wenig beachteter Baumeister, Enrique Miralles und Rafael Moneo in Spanien, und natürlich in Portugal Alvaro Siza. Aber auch der Brite David Chipperfield arbeitet in diese Richtung. Was unsere eigene Praxis angeht, so haben wir (die Baufrösche), erstmals 1986, in der Altstadt von Nürnberg ein Beispiel für eine solche Arbeitsweise abgeliefert (14/15). Allen diesen Architekten ist gemein, daß sie nicht mit irgendwelchen „Details" ablenken und auch wenig vom inneren „Betrieb" nach außen erkennbar machen. Aber wie sie an den öffentlichen Raum herantreten,

wie sie mit ihrer Umgebung in einen Dialog eintreten, wie sie das Licht in die schattigen Räume lenken und weite Außenräume aufspannen, das ist ihr Thema, und das ist das Thema von Architektur immer schon gewesen. Ja, wir können sagen, daß sie – ganz im Gegensatz zur klassisch-modernen Lehre – *von außen nach innen entwerfen*. Wie wird man auf das Gebäude zugehen? Wieviel Eingänge muß es geben? Wie stufen wir von Öffentlichkeit zu Nichtöffentlichkeit? Wohnt dort jemand, der die Straße „bewacht"? Wo werden wir die Autos unterstellen? Werden sie dezent versteckt stehen oder einen öffentlichen Raum markieren? Verschwinden die Nachhausekommenden in der Garage und kommen von da direkt in das Gebäude? Oder müssen sie von dort auf dem Gehsteig laufen, so daß man sie ankommen sieht? Gibt es Läden und überhaupt eine Mischung von Nutzungen? Wie lassen sich die vorhandenen Altbauten integrieren? Alles Fragen, die den Außenraum betreffen und mit der Bauaufgabe selbst, sozusagen ihrem betrieblichen und konstruktiven „Innen", gar nichts zu tun haben. Man kann tatsächlich etwas übertreibend sagen, daß Gebäude mit hoher architektonischer Qualität zuerst allein unter solchen Aspekten entworfen werden, und erst dann „zieht" der Entwerfer probehalber mit dem Betrieb, den „Funktionen", dort wie in einen bestehenden Bau „ein" und paßt das von diesen Außenkräften geformte Gebäude dem inneren Betrieb entwurflich an.

Anmerkungen

1   *Absolut modern sein: Zwischen Fahrrad und Fließband*, Katalog zur gleichnamigen
     Ausstellung der Neuen Gesellschaft für Bildende Kunst Berlin, Berlin 1986
2   Jean Piaget: *Die Entwicklung der Erkenntnis III*, S. 215 ff
3   Otto Warth: „Konstruktionen in Holz", in: G. A. Breymann (Hg.), *Bandkonstruk-
     tion* Bd. II, Tafel 33, Leipzig 1900
4   Dischkoff/Wilkens: „Die Klassizismusfalle", in: *Baumeister 8*, 1978

Bildlegenden

1   Piero della Francesca: Città ideale (um 1470), in: Bernd Evers (Hg.), *Architektur-
       modelle der Renaissance – Die Harmonie des Bauens von Alberti bis Michelangelo*,
       München 1995
2–5   Felix Sigrist: Krankenhaus und Schule für Landwirtschaft in Bhutan, 1986–1989,
       Fotos: F. Sigrist
6   Wolf Meyer-Christian: Studienarbeit bei O. M. Ungers, 1964, in: *Jahrbuch für
       Architektur 1981–1982*, Braunschweig/Wiesbaden 1982
7   Baufrösche Kassel: Haus der Wirtschaft, Kassel, Konzeptskizze, 1989
8   Ernst Gisel/Baufrösche Kassel: Haus der Wirtschaft Kassel, Grundriß 1. OG,
       Wettbewerbsbeitrag 1989
9   Stirling/Wilford 1985–1992: B. Braun Melsungen, Gesamtanlage, Übersichtsplan,
       in: Kristin Feireiss (Hg.), *Aedes Galerie und Architekturforum*, Berlin 1992
10   Cedric Price: ‚Potteries Thinkbelt', typischer Fakultätsbereich, Grundriß und
       Schnitt, in: James Burns, *Projekte der Anthropoden zur Gestaltung der Zukunft*,
       in: JAM, Köln 1971
11–12 Umkehrdarstellung des Stadtbildes von Fabiano, Italien, in: Benedikt Loderer:
       Stadtwanderers Merkbuch – Begriffsbestimmung, München 1987
13   Rem Koolhaas with Zoe Zenghelis: The City of the Captive Globe, 1972
14–15 Baufrösche Kassel: Kreuzgassenviertel in der Altstadt von Nürnberg, 1986–1991,
       Foto: Jens Weber

9 Über Materialität, Tempo und Leichtigkeit

9.1 Lob der „Schmutzigkeit"

Ich habe in der letzten Lektion gezeigt, daß die Geschichte der neueren Architektur auch eine Geschichte der zunehmenden Borniertheit des architektonischen Interesses ist, das immer nur das jeweilige Gebäude sieht und kaum noch den ganzen Zusammenhang drumherum. Andererseits haben wir vorher, als es um die Konfrontationen und die Erzeugung von Vielheit ging, ja auch gesehen, daß die Kontrastierung der Fassaden und der „Stile" eine wichtige Rolle spielt.
Wir müssen uns deshalb, gerade wo es um Komposition und zusammengesetzte und konfrontierte Bauten geht, mit der Materialität der Oberflächen beschäftigen: Die Komposition wird nämlich so ausdrucksvoller und verständlicher. Ähnlich wie die Instrumentierung in der Musik, in der man ja auch eine Komposition auf dem Klavier allein spielen kann. Aber die Musik wird ausdrucksstärker, wenn man die kompositorischen Bauteile bestimmten Instrumenten zuweist: wenn eine Kantilene von einer Querflöte übernommen wird, die aus dem breiten Sockel aufsteigt, den die Streicher legen. Oder wenn der Rhythmus von der großen C-Pauke mit eindringlichem Crescendo vorgegeben wird wie in den berühmten Anfangstakten von Brahms' Erster. Diese Instrumentierung kann sehr reich und bunt sein wie etwa die von Igor Strawinsky oder sehr kompakt und chorisch wie die von Olivier Messiaën: Sie ist letztlich nicht konstitutiv, aber sie unterstützt. Sie dient dem Ausdruck und der Deutlichkeit. Wir können dann bestimmte gleichzeitig verlaufende Figuren besser auseinanderhalten. Und außerdem verbindet sich das musikalische Material mit bestimmten Stimmungen, mit Zartheit und Reinheit bei der Querflöte, mit signalhafter Deutlichkeit bei der Trompete und so weiter. Eine ähnliche Rolle spielt die Instrumentierung in der Architektur auch.
Weil die Architektur als Komposition auf das klassische „Bauen" im Sinne des Nach-und-nach-Zusammensetzens angewiesen ist, spielen die *handwerklichen* Baumaterialien eine unverzichtbare Rolle: Steine, Bruchsteine,

gehauene Steine, Ziegel, Putze, Holzbalken, aber auch Walz-Stahlprofile. Aus diesen Stoffen können die klassischen, meist mit Schwerkraft stabilisierten Kompositionen entstehen. (Dies erklärt auch die gegenwärtige, oft etwas gesucht wirkende Abkehr von diesen Materialien, die den Übergang zum „Design" verdeutlicht: also die Wahl von Sperrholz als Fassadenmaterial etwa statt einer dafür doch eigentlich viel besser geeigneten Brettverschalung.) Auch zugbeanspruchte Fachwerkkonstruktionen und andere Ingenieurtragwerke sind – jedenfalls als eingefügte Bauteile und wenn sie nicht die gesamte Primärfigur bestimmen – noch verständlich und als Komponenten ablesbar. Hiermit soll überhaupt nichts gegen komplexe Ingenieurkonstruktionen gesagt werden. Und ich will hier auch nicht zu einem handwerklichen oder – wie die Architekten in den fünfziger Jahren sagten – „urigen" Bauen auffordern. Ich möchte damit nur betonen, daß von den klassischen Materialien diese suggestive Kraft und Verständlichkeit in besonderem Maße ausgeht. Darin lag zu einem nicht unwesentlichen Teil die fast magische Wirkung der Betonbauten des späteren Le Corbusier (nach 1945), aber auch der Bauten Luis Barragáns (1/2) oder Tadao Andos. Obwohl der Beton bei Ando glatt ist wie Seide, spielt er die Rolle klassischer Mauern. Beton hat, solange er nicht für allzu komplizierte Tragwerkslösungen eingesetzt wird, noch diese den klassischen Baustoffen eigene rohe Qualität: eine gewisse Ungleichmäßigkeit

1/2

und Fleckigkeit, und natürlich Gewicht und Härte. Alle klassischen Baukomponenten haben diese natürliche „Roheit", die dann meist heute unter dem „Putz", unter Wärmedämmungen und hinter vorgehängten Fassaden verschwindet.

Diese „Schmutzigkeit" des rohen Stoffs spielt jedenfalls eine wichtige Rolle: Wir müssen uns eine Weile näher mit ihr beschäftigen. Ich nenne sie absichtlich so, weil ich sie der Sterilität und „Sauberkeit" des „Design" mit seinen „sauberen Details" gegenüberstelle. Die fleckige Schmutzigkeit ist zunehmend und in dem Maße, in dem alles und jedes unter blankem Finish verschwindet, eine Qualität, besonders bei öffentlichen Bauten, weil sie den Räumen etwas Objektives und zugleich Begreifbares gibt. In dieser Rohheit, behaupte ich, lag der Welterfolg der Kasseler *documenta* 1955. Arnold Bode bot den Künstlern die „objektiven" rohen Mauern dieser großartigen Ruine des Fridericianums im zerstörten Kassel an, und die Künstler begriffen sofort die Chance für ihre Bilder. Bode nutzte genau das, was die klassische Architektur leisten kann: Sie bringt die Dinge in ihr zum Vorschein. Sie ist der ideale Hintergrund (3/4): verständlich, vertraut, sicher. Sie unterhält nicht, sie verblüfft nicht, sie versucht nicht, uns zu imponieren. Sie ist einfach nur da, ein verläßlicher Rahmen für das Leben, die Bilder, die Dinge.

3/4

Man stelle sich einen Moment lang ein Parlamentsgebäude in den Ruinen des Reichstags vor, ähnlich improvisiert wie Bodes erste *documenta*, ein „low-cost"-Parlament voller Witz und Schönheit. Genau das schlug ich 1992 dem Bauausschuß des Deutschen Bundestags vor. Es war ja alles da. Und Paul Baumgarten, der in den sechziger Jahren darin den Plenarsaal und verschiedene Sitzungssäle eingebaut hatte, war dieser Vorstellung schon sehr nahe gekommen. Nicht nah genug, wie ich als sein damaliger Mitarbeiter meinte. Aber mehr davon hätte vermutlich schon damals die Ansprüche der Bauherrschaft überfordert. Man hätte mit ein paar Umbauten und Modernisierungen einziehen können. Mein Vorschlag fand bei den Abgeordneten keinerlei Resonanz. Und kurz danach wurde alles, was dort eingebaut worden war, wieder herausgerissen. Eine riesige „tabula rasa". Statt einer improvisierten Architektur in den Mauern Kaiser Wilhelms (und in den Einbauten der Nachkriegszeit) nun des Kaisers Neue Kleider, in High-Tech! Ein wirklich trauriger Rückfall in die alte Moderne.

Die alte Rolle der klassischen Architektur, Macht zu manifestieren, diese Rolle hat heute überall solches High-Tech-„Design" übernommen. Dieser Gedanke ist mir wichtig, denn hier bekommt die ziemlich alberne Diskussion mit Kategorien wie „Stahl und Glas sind demokratisch, Stein ist undemokratisch", an der leider auch Günter Behnisch einige Zeit mitgewirkt hat, eine gewisse, allerdings zynische Sinnfälligkeit. Denn Demokratie und Gebäude-Design sind heute die Insignien der Industrie-Mächte, die sich beides leisten können – aufwendige Gewaltenteilung *und* industrielles Gebäude-Design. Komponierte Architektur mit „schmutzigen" klassischen Mauern aber wird eher zum „Vorrecht" der Schwellenländer. Chandigarh war so ein Beispiel. Aber auch Louis Kahns Regierungsgebäude in Bangladesh. Meine architektonisch-politische Utopie jedenfalls ist eine Kombination von entwickeltem Rechtssystem mit dieser sparsamen, „schmutzigen", von Farben durchleuchteten Architektur, gerade bei öffentlichen Bauten. Gerade sie sollten sich von den glatten kommerziellen Gebäuden in dieser Weise absetzen, anfaßbar und verständlich.

Ich möchte noch einen Augenblick bei diesem Aspekt der Rohheit, der „sauberen Schmutzigkeit" bleiben. Von François Julien, einem Philosophen aus Paris, der sich für Jahre nach China begeben und Chinesisch gelernt hat, um das europäische Denk- und Begriffssystem von außen her besser verstehen zu können, erfuhren wir auf der *documenta* X, daß es im Chinesischen einen Begriff gibt, der von dieser „Schmutzigkeit" vielleicht nicht soweit weg ist: Auf Spanisch *soso*, englisch *stale*, deutsch *fade*, was in allen europäischen Sprachen *negative* Konnotationen enthält. Im Chinesischen,

„Saubere
Schmutzigkeit"

so Julien, sei dies jedoch gerade eine Qualität. Etwas, was *fade* ist, ist dort – etwa in der
Kochkunst – etwas besonders Geschmack-
volles, weil es noch verschiedene Interpreta-
tionen zuläßt, jedenfalls nicht klar ist in der
einen oder anderen Richtung. Dieses klare Süß oder Sauer, Schwarz oder
Weiß ist im chinesischen Denken etwas Plattes, etwas, das keine Möglichkeiten und Ambivalenzen mehr in sich trägt. Das Eindeutige ist einfach abgestanden, enthält gar keine Möglichkeiten der Veränderung und
Interpretation mehr. Vielleicht ist dies die andere Qualität der Schmutzig-
keit/Roheit, daß sie in diesem chinesischen Sinne fade ist, noch offen für
verschiedene Behandlung, frei von allzu subjektiver Gestaltung und Interpretation: eine Materialeigenschaft, die ich auch „objektiv" nenne. (Wir
sprechen auch von „objektiven" (Material-)Farben – im Gegensatz zu den
Farben, die subjektiv gewählt sind.)
Bei den Japanern scheint es einen ähnlichen Begriff zu geben. Die japanische Ästhetik setzt auf Veränderlichkeit und sichtbare Vergänglichkeit der
rohen Materialien. So liest man in Tanizaki Junìchiros *Entwurf einer japanischen Ästhetik*: „Im Westen verwenden die Leute unter anderem für das
Besteck Silber und Stahl und Nickel und polieren es, damit es möglichst

5/6

glitzert, aber wir haben eine Abneigung gegen solche funkelnden Gegenstände. Zwar benutzt man auch bei uns gelegentlich Wasserkessel, Sake-Schalen und -Flaschen aus Silber, doch nie werden sie so poliert. Im Gegenteil, man freut sich, wenn der Oberflächenglanz verschwindet und sie mit dem Alter schwarz anlaufen. [...] Jedenfalls", heißt es wenige Seiten später, „läßt sich nicht leugnen, daß in dem, was wir als ‚Raffinement' schätzen, ein Element von Unreinlichkeit und mangelnder Hygiene steckt. Während die Abendländer den Schmutz radikal aufzudecken und zu entfernen trachten, konservieren ihn die Ostasiaten sorgfältig und ästhetisieren ihn, so wie er ist."[1] In Tanizakis Ästhetik – der Autor zählt übrigens zu den großen japanischen Schriftstellern der ersten Hälfte des zwanzigsten Jahrhunderts – gibt es zahllose Äußerungen, die das Uneindeutige, den Halbschatten, die durch Alter melierten Töne des Materials loben, und worin ich viel von meinem Lob der „sauberen Schmutzigkeit" wiedererkenne.

Sehen wir uns zwei hiesige Beispiele an: Das erste sind die schon einmal zitierten Bauten der Museumsinsel Hombroich, große klare Prismen aus dunklen rheinischen Klinkern aus Abbruchmauerwerk (5/6). Heerich, der seine Skulpturen aus geometrischen Körpern entwickelt, zeigt den heutigen Architekten geradezu lehrbuchhaft, wie kraftvoll Architektur sein kann, wenn sie ein kompositorisches Konzept mit solchen staubig-rohen

7/8

Klinkerwänden umsetzt und dafür – das muß man allerdings auch sehen – auf die Beheizbarkeit verzichtet. Fenster und Oberlichter sind aus verzinktem Stahl, die Türen aus Stahl und aufgedoppeltem Leimholz, der Fußboden aus weiß-grau gemasertem Marmor: Alle Teile sind auf einfach herstellbare Formen reduziert. Ideale Gefäße für Bilder, Skulpturen und Spaziergänger.

Als zweites Beispiel nenne ich Otto Steidles Ulmer Universität. Deren langgestreckte Bauten leben sehr stark von der „Roheit/Fadheit" des klassischen Baumaterials Holz (7–9). Wie in vielen seiner Bauten entsteht eine legere und authentische Umgebung. Dabei ist die Verwendung von Holz bei staatlichen Bauten in Deutschland kaum durchsetzbar. Aber hier kamen der Architektur die schwierigen Gründungsverhältnisse zugute. Massivbau war zu vertretbaren Kosten nicht möglich, und so konnten die Steidle-Leute einen Staatsbau mit dieser ungewohnten und unkomplizierten Roheit zaubern, einen ganz und gar dem legeren Hochschulbetrieb angemessenen Bau.

Allerdings wird die Entwicklung zu mehr Finish und Design in den letzten Jahren durch einen Umstand sehr begünstigt, dessen Notwendigkeit wir schlecht von der Hand weisen können, obwohl er im Vergleich zu anderen Bereichen übertrieben scheint: Ich meine den Wärmeschutz. Nicht zufällig hat es ein Manifest bekannter Entwerfer gegen die neue (typisch deutsche) Wärmeschutzverordnung gegeben. Denn der Standard, der darin gefordert wird, läßt jedes Gebäude unter einem Mantel von Schaumstoff verschwinden – gerade die „schmutzigen" rohen Teile, also die wichtigsten Komponenten, verschwinden darunter. Und je höher der Dämmwert einer Hülle, desto empfindlicher reagiert bekanntlich der Bau später auf jede kleine Undichtigkeit: An dieser undichten Wärmebrücke wird sich die ganze

9

Raumfeuchte niederschlagen und so den Nährboden für alle möglichen Fäulniserzeuger bilden. Aus diesem Dilemma gibt es nur zwei Auswege: eine Karosserie aus Glas, Blech, Aluminium und so weiter vorhängen: also Gebäude-„Design" – oder eine vorgestellte Zweite Architektur wie bei Ernst Gisels Fellbacher Rathaus, dessen Dämmhülle von einem selbsttragenden Fassadengebäude aus Sichtmauerwerk umhüllt ist. Dieselbe Methode wendet Atelier 5 bei seinen schönen Sichtbetonbauten an, die allerdings der deutschen Wärmeschutznorm nicht mehr entsprechen (10). Auch ist diese Methode aufwendig und platzraubend. In unserer eigenen Arbeit bringen wir zuweilen das rohe Tragwerk in Gestalt von Sichtbetonpfeilern oder kräftigen Holzpfosten zurück, die in Wirklichkeit aber überhaupt nichts tragen wie hier bei dieser langen Hauszeile, die auf die alte Klosterkirche von Hannover-Marienwerder zuläuft (11). Bei der „neueinfachen" Berliner Architektur wird die Wärmedämm-Hülle mit Blendmauerwerk verkleidet, seitdem Hans Kollhoff die Amsterdamer Südstadt von Berlage als Vorbild einfachen Städtebaus entdeckt hat. Dabei hat doch gerade im preußischen Berlin Putz eine lange Tradition. Die besten Bauten sind eine Mischung aus Putz und Stuck! Von daher also spräche nichts dagegen, über einem Sockel aus Sichtbeton oder vorgehängten Natursteinen die Wärmedämmhülle einfach auf der Dämmung zu putzen, zumal

10/11

das die geringste Konstruktionsfläche in Anspruch nimmt (was bei hohen Bodenpreisen eine nicht unwesentliche Rolle spielt). Das Vortäuschen hat eine alte Tradition auch in der klassischen Architektur, besonders im sparsamen Preußen. Schinkel war ein Meister in solchen Mogeleien: Große „Steinreliefs" aus tiefgezogenem Blech, mit Sand geschlämmt, von Malern hergestellter „Marmor", vergoldete Reliefs und Schnitzereien aus gegossenem und vergoldetem Zinn und so weiter! Ich verstehe ja, daß Berlin-Mitte nicht mit Stahl-Glas-Kisten oder Blechkisten zugebaut werden soll. Aber deshalb muß es doch nicht immer gleich Granit und Vormauerziegel sein. Am Pariser Platz Gebäudefassaden aus Sichtbeton und Putz wie der Entwurf für die Akademie von Ludwig Leo – das wäre wirklich eine Berlinische „neue Einfachheit"[2].

Ob der Übergang zum „Design" wie bei Frank O. Gehrys Blechbauten vollzogen oder die neu-einfache Architektur wie in Berlin-Mitte praktiziert wird, die Stoßrichtung ist meist die gleiche: gegen das „Rohe-Fade", das Billige und technisch Richtige, also gegen die Sparsamkeit gerichtet, ganz von der Funktion bestimmt, die Macht der Bauherrschaft durch des Kaisers Neue Kleider herauszustreichen und uns, den Benutzern dieser neu-einfachen oder „designten" Gebäude, zu imponieren. Darum betone ich hier eine Qualität, die ich „Schmutzigkeit" oder „Roheit/Fadheit" nenne, die aber meist die Erscheinungsform von Sauberkeit ist: Sauberkeit im Sinne klima- und wasserunschädlicher und gesundheitlich unbedenklicher Baustoffe. Mit ihnen ist diese Ästhetik des Vergrauens, Verblassens, der nicht mehr so frischen Farben untrennbar verbunden. Eine Art Sauberkeit, die in den buddhistischen Tempeln Japans zu einer hohen Kunst entwickelt ist. Architektur, die noch nicht Gebäude-„Design" ist, hat diese unschuldige Patina des Alterns, ist nicht „heiter", „frisch" und „sauber" wie ein Cover girl. Sie ist von ausdrucksvoller Roheit/Fadheit. Und dazu braucht sie das ganze Register: von hell bis dunkel, von glänzend bis stumpf, von heiter bis düster und so weiter. Aber zur Herstellung von Lesbarkeit und Vertrautheit kommt sie nicht umhin, zuweilen die vertrauten, rohen Gebäudeteile der Dämmstoffhülle vorzublenden. In dieser Hinsicht stellt sich eine erstaunliche Analogie zum Historismus des vorigen Jahrhunderts her. Auch dieser sah sich genötigt, die amorphen neuen Techniken hinter historisch vertrauten Fassaden zu verstecken. Ging es damals um die neuen Techniken der Konstruktion, so spielt diese Rolle heute die Bauphysik. Und es wird noch eine Weile dauern, bis die Öffentlichkeit weiche, textile Pullover-Fassaden, von denen Christos verpackter Reichstag immerhin eine Vorahnung gegeben hat, für den Alltag akzeptieren wird.

Ich will zum Schluß dieser Betrachtung noch ein Beispiel aus dem schon zitierten Wettbewerb zur *documenta*-Halle von 1993 wiedergeben, der stark mit „Instrumentierung" und dieser „Schmutzigkeit" arbeitet: Es ist der Wettbewerbsbeitrag des Berliner Architektursalons Elvira. Diese Berliner Gruppe hatte vor dem jäh abfallenden Hang am östlichen Ende des Friedrichsplatzes ein etwas niedrigeres Plateau gezeichnet, ganz waagrecht und vor der Weite der Landschaft fast surrealistisch wirkend, mit einigen ins Pflaster eingelassenen rechteckigen Edelstahlplatten. Und das war schon fast alles: Denn wenn ein *documenta*-Sommer anstand, sollten die Edelstahlplatten mit den darunter verborgenen Lichtprismen hochfahren und die dann erleuchtete Tiefgarage darunter zum Ort von *documenta*-Kunst machen. Allein der Geruch von Reifengummi und die Spuren auf dem Garagenboden hinter den Kunstobjekten: Das hätte einen authentischen Hintergrund heutiger Kunst abgegeben! Bezeichnend für diese Art von Entwürfen ist das Agieren mit Spuren und Veränderungen. Wir sind nicht die Dekorateure und Saubermänner der Gesellschaft. Das Vorbild ist eher Joseph Beuys: Fett und Filz! Wir müssen das „schmutzige" klassische Bauen ja nicht um des Nachweises willen aufgeben, unbedingt modern zu sein. Besser ist es zu sehen, was um uns passiert, und wo nötig mit lesbaren architektonischen Texten gegenzuhalten.

Lassen wir es dabei bewenden, obwohl das Thema bei weitem nicht abgeschlossen ist. Instrumentierung ist auch und hauptsächlich eine Frage des Einsatzes von Farben und Licht. Aber das ist ein weites und eher subjektives Feld, an das ich mich nicht herantraue, und das mit dem Aspekt des komponierten Nacheinanders, den ich hier verfolge, ja auch nicht unmittelbar zu tun hat.

9.2 Spezifische Tempi

Ein anderer Aspekt spielt bei der architektonischen Komposition eine nicht unwichtige Rolle – wie in der Musik übrigens auch: das Tempo. Das Tempo bezeichnet in unserer Kunst die Geschwindigkeit, mit der ein räumlicher Zusammenhang intellektuell aufgebaut beziehungsweise gelesen werden kann. Ganz analog zum Aufbau eines solchen räumlichen Konstrukts im Computer korreliert das Tempo umgekehrt mit der Anzahl der Punkte, die im Raum festgelegt werden müssen. Also: Je mehr Punkte im Raum fixiert werden müssen, um eine Komposition zu beschreiben, desto „langsamer" ist sie. Die Linien einer „langsamen" Komposition „zuckeln" von Punkt

zu Punkt wie ein Ochsengespann, wohingegen eine schnelle Komposition sich in wenigen großen Linien zusammenfügt. Dabei setzt sich streng genommen eine Parabel oder ein Kreissegment auch aus vielen Punkten zusammen: Diese aber folgen einer einzigen Gleichung, und wenn ein solcher Linienzug erstmal in Schwung ist, ist die ganze Linie schon absehbar. Im Sinne des Tempos ist sie also *eine* Linie zwischen zwei Punkten, schnell wie ein geworfener Stein und mit einem Blick zu erfassen. Und gerade in diesem Sinne haben wir es derzeit häufig mit Kompositionen in äußerst rasantem Tempo zu tun. Dieses Tempo tendiert zur Glätte des „Designs", und wir haben diese rasanten Linien, die aus dem mühseligen Schrittempo der komponierten Architektur ausbrechen wollen, schon anfangs bei Erich Mendelsohn gesehen: ungestüme Entwürfe, deren Tempo schon die Furiosi von Zaha Hadids Feuerwehrhaus in Weil am Rhein vorwegnehmen.

Das Tempo spielt nun aber gerade dann eine Rolle, wenn wir Gebäude in eine Beziehung zu schon bestehenden bringen wollen. Denn diese haben ihr eigenes Tempo, und es versteht sich von selbst, daß eine Beziehung nur zustande kommen kann, wenn die Tempi nicht allzu verschieden voneinander sind. Wir könnten sogar sagen, daß eine Komposition ihr Tempo zur Stadtmitte hin zurücknehmen muß, wenn sie dort mitspielen will. Denn die Ringe der Stadt haben zweifellos ihr eigenes, zur Mitte hin abnehmendes Tempo. Betrachten wir den Lageplan einer europäischen Stadt, so werden wir mit großer Regelmäßigkeit feststellen, daß ihre Linien nach außen hin schneller werden. In der Altstadt zuckeln sie von Knickpunkt zu Knickpunkt. Außerhalb der ehemaligen Stadtbefestigung werden sie großzügiger und gerader, und noch weiter draußen, wo sich die Straßentrassen von den Baufluchten trennen, nehmen die Straßenlinien die rasante Form von Klotoiden und Parabeln an. Mit Gebäuden verhält es sich ganz ähnlich. Mittelalterliche Gebäudeformen sind leicht schief und haben – schon im Umriß – mehrere Knickpunkte. Die Linien des Grundrisses nehmen kein Tempo auf, sie sind zusammengesetzt und – jedenfalls in den Kurven – mühselig aus vielen Knickpunkten zusammengebaut. Die Aufrisse sind ähnlich langsam profiliert. Die Formen sind also hoch komplex und benötigen – etwa im Computermodell – eine Unzahl von Punkten zu ihrer Beschreibung.

Solche Gebäude haben ein sehr gemächliches Tempo, zu gemächlich, als daß wir es heute noch mitmachen (und bezahlen) könnten. Aber wir können das Tempo soweit mäßigen, daß beide Linienzüge noch zusammengehen; weiter außerhalb können die Kompositionen entsprechend rascher werden. Damit will ich nicht sagen, daß wir das Tempo immer derart anpassen *müssen*. Wir können auch absichtlich dagegenhalten, unser Gebäude dort den Karosserien der Autos anpassen statt den alten Gebäuden. Das ist eine Frage des Inhalts, hier aber beschäftigen wir uns nicht mit den Inhalten von Architektur. Ich will Sie nur auf die spezifischen Tempi aufmerksam machen und auf die Möglichkeit, allein durch ein langsames Tempo Zwiesprache mit einer alten Umgebung aufzunehmen. Statt einer elegant geschwungenen Linie können wir sie auch zweimal leicht knicken. Und wir können die Zahl der Teile und damit der Raumpunkte erhöhen, so wie wir es beim Entwurf des Kreuzgassenviertels in der Nürnberger Altstadt gemacht haben (vgl. Lektion 8.2, S. 164). Statt also Gauben und Steildächer zu zeichnen und unseren Gebäuden sozusagen ausgediente Trachten anzulegen, könnten wir unsere Denkmalschützer davon überzeugen, daß es oft schon genügt, das Tempo zu verlangsamen, um die altstädtische Ruhe nicht allzusehr zu stören. Wir würden sozusagen unsere Gebäude in heutigen Kleidern auftreten lassen und nur darauf achten, daß sie „nicht zu schnell" werden. Ein unvergeßliches Beispiel für einen solchen Umgang mit Tempo und Rhythmus war die „moderne" Lückenschließung im kriegszerstörten Teil der Münchner Pinakothek (12/13). Hans Döllgast hatte einfach den Rhythmus der mächtigen Pfeiler mit schlanken Stahlrohren fortgesetzt, die er vor das neue Mauerwerk setzte. Und schon ging die neue Architektur im Gespann der alten mit. Jedenfalls sind Tempo und Rhythmus Kategorien, die wir gerade im Umgang mit alten Beständen einsetzen können.

12/13

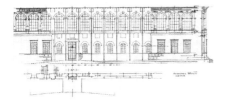

9.3 Gewicht und Transparenz

 Schließlich ist hier noch kurz ein Aspekt zu behandeln, der bei der Instrumentierung von Architektur immer eine Rolle spielt: Gewicht und Transparenz. Das Gewicht spielt eine Rolle, um Dominanz herzustellen. Ein Primärteil soll auch schwerer wirken als ein sekundäres Teil. Solches Gewicht läßt sich durch schwere Baustoffe wie Mauersteine oder Beton herstellen, aber auch durch Volumen, durch geschlossene und womöglich nach außen gewölbte Flächen, die Räume davor zu ihren Zwischenräumen, Vorräumen oder Foyers herabstufen. Umgekehrt wirken zugbeanspruchte Konstruktionen mit diagonalen Zugstäben ästhetisch immer extrem leicht. Bringt man solche Volumen mit solchen Gitterkonstruktionen zusammmen, erhält man einen spannungsvollen Gegensatz. Ich erinnere mich dabei immer an den Anblick der kraftvollen, heute unnötig verniedlichten Backsteinkuben des Frankfurter Kraftwerks hinter der Eisenbahn-Stahlgitterbrücke über den Main, wo beide Teile, Backsteinkubus und Stahlbrücke, einander in ihrer Gegensätzlichkeit in Gewicht und Leichtigkeit stützten. Eine besondere Rolle spielen dabei die Großflächigkeit und die ruhige Senkrechte auf der Seite des gewichtigen Volumens und die Durchsichtigkeit und die dynamischen Diagonalen auf der Seite der leichten Brückenkonstruktion. Ohne diese aussteifenden Andreaskreuze hätte auch das berühmte Atelier von Charles Eames viel von seiner extremen Leichtigkeit verloren (14/15), übrigens das Musterbeispiel von Leichtigkeit! Bei uns heißt es nur: Da machen wir Eames. Und jeder weiß, was gemeint ist.

Ein anderer Meister in der Erzeugung von Leichtigkeit war mein langjähriger Lehrmeister Paul Baumgarten. Man denke nur an die elegante Leich-

14/15

tigkeit der Aufstockung des Berliner Hotels am Zoo von 1955! (16) Ich ging damals seinetwegen nach Berlin, nachdem ich in Karlsruhe seinen Wettbewerbs-Entwurf für das Theater am Schloß gesehen hatte. Diese Arbeit beeindruckte mich in mehrfacher Hinsicht: Das Theater mußte neben die symmetrische Schloßanlage gesetzt werden, die bekanntlich den ganzen von ihr radial ausstrahlenden Stadtgrundriß beherrscht: Jede Architektur an dieser Stelle mußte sich entweder in die barocken Ordnung einfügen und sich ihrem Absolutismus unterwerfen oder aber das ganze historische Ensemble empfindlich stören. Es war völlig klar, warum Baumgarten diesen internationalen Wettbewerb gewonnen hatte. Der hatte einfach gar keine Architektur gemacht. Sein Theater gehörte eher in die Kategorie „Fliegende Bauten". Der Grundriß hatte die flüchtige Kontur einer Wolke, und die Fassaden waren aus Blech! Und was am meisten überraschte, war, daß die äußere Kontur der Vielecke sich im Innern *nicht* fortsetzte (17). Im Innern gab es eine ganz andere, rechtwinklige Substanz, die sich von außen her nur in einer im Bühnenbereich aufgesetzten, nach einer Seite leicht ansteigenden Dachfigur zeigte. Jedenfalls war die vieleckige Hülle *nicht* das Resultat einer vieleckigen inneren Struktur, was sie zu einem kristallinen Gebilde verfestigt hätte. Sie war ganz konsequent nichts weiter als eine sehr labile Schale, ein flexibler Paravent, dessen Grundform nur ganz zufällig ist.[3] Baumgarten war vorher im Hansaviertel Kontaktarchitekt von Alvar Aalto, und das sieht man seinen Skizzen von der Wolke mit ihrer „Zufälligen", den vielen Senkrechten,

16/17

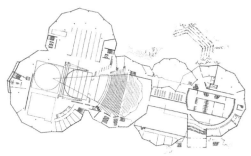

durchaus an (18). Auch er hat, wie wir alle, bei den anderen geguckt und sich weitergebracht, so wie wir das hier auch machen. Übrigens ist dieses fliegende Theater nie gebaut worden. Baumgarten durfte statt dessen auf diesem Bauplatz dann das Verfassungsgericht bauen, dessen Grundriß aus quadratischen Pavillons im Grunde eine ganz ähnliche Wolke ist (19). Mein Hinweis darauf hat ihn übrigens selbst völlig überrascht, und

18/19

wir haben danach dann noch beim „Design" für den Ausbau alles getan, um die Pavillons runder zu machen, runder in dem Sinn, den wir anfangs entwickelt haben.

Nun kann man die Eigenschaften auch miteinander so vertauschen, daß überraschende Ambivalenzen von „Schwer – Leicht" „Innen – Außen" oder „Voll – Leer" entstehen. Darüber haben wir ja bei den Durchdringungen bereits gesprochen. Als ein Beispiel sei hier unser Entwurf für den schon erwähnten Wettbewerb zur *documenta*-Halle 1992 angeführt, der unserer übereinstimmenden Meinung nach mit dem der Elvira-Leute allerdings nicht mithalten konnte. (Beide Entwürfe gelangten übrigens nicht einmal in die engere Wahl.) Ich zeige in diesem Zusammenhang das Eingangsgebäude, das zu unserer ebenfalls *unter* dem Platz liegenden Halle führt: von weitem gesehen eine klassische Villa hoch über dem Tal, ein schwerer Hauswürfel, aus dem zum Tal und zur Aussicht hin ein stegförmiger Balkon hinausgestreckt ist (20/21). Erst von Nahem zeigt sich, daß dieser schwere Hauswürfel eigentlich ein leichtes und leicht lichtdurchlässiges Zelt ist. Diese Instrumentierung mit Tuch statt Steinen

20/21

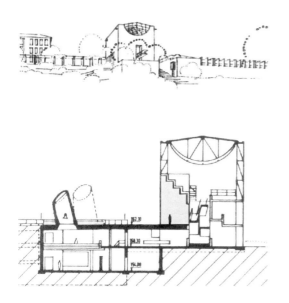

macht aus dem Pathos der klassischen Architektur, die hier an der Hangkante bis zum Kriege gestanden hat, einen Flop und bringt Show- und Zirkus-Atmosphäre, documenta-Stimmung wie auch den angemessenen Hintergrund für die Kleinkunst, die hier während der *documenta*-freien Jahre einziehen sollte.

Transparenz in der Architektur ist ein großes Thema, das man eigentlich nicht en passant behandeln kann. In unserem Zusammenhang genügt aber die Feststellung, daß Transparenz nicht nur eine Frage von Durch*sicht*igkeit ist. Indem wir zum Beispiel markante Elemente durch die das Gebäude trennenden Decken schießen lassen, wie bei unserem eigenen Bürogebäude, bringen wir die Geschosse auch in einen transparenten Zusammenhang, ohne große und für konzentriertes Arbeiten hier nicht brauchbare Deckenöffnungen (22). Ähnlich verfährt Toyo Ito mit den großen, runden Oberlichtern in seinem Altersheim in Yatsushiro, die die eigentlichen Volumen der Primärfigur bilden und die Räume, die durch Wände darunter getrennt sind, wieder zusammenbringen (23). Transparenz und Verschränkung von Innen und Außen können eben auch indirekt ohne große Glaswände hergestellt werden: durch *Erfahren* statt *Hindurchsehen*. Die Perspektive wird durch Zeitschritte zusammengesetzt. Wir hatten das schon bei Eckhart Reissingers Entwurf zum Leipziger Platz gesehen (vgl. Lektion 7, S. 138).

22/23

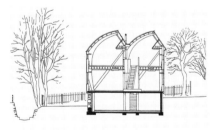

186

Anmerkungen

1   Tanizaki Junischiro: *Lob des Schattens, Entwurf einer japanischen Ästhetik*, Zürich 1996

2   Ludwig Leo hat mir dazu mitgeteilt, daß er sich diese Fassade ganz anders vorgestellt hatte: als selbsttragende Vorsatzschale aus Schiffsblech!

3   M. Wilkens: „Zu Paul Baumgarten nach Berlin, von Karlsruhe aus", in: *Paul Baumgarten, Bauten und Projekte 1924–1981*, Schriftenreihe der Akademie der Künste, Band 19, Berlin 1984

Bildlegenden

1   Luis Barragán: Tor zum Haus El Pedregal, in: Rizzoli International Publishers, New York 1992

2   Luis Barragán: Eduardo Pietro Lopez House, Mexico City 1945–1950, in: cf. Rizzoli International Publishers …

3–4   documenta 1955, Museum Fridericianum Kassel, Gestaltung: Ernst Bode, in: Harald Kimpel, Karin Stengel: *Documenta 1955*, Bremen 1995

5   Erwin Heerich: Museumsinsel Hombroich, in: Stiftung Museumsinsel Hombroich (Hg.), *Bildband Museumsinsel*, Stuttgart 1996

6   Erwin Heerich: Museumsinsel Hombroich, Detail, in: Stiftung Insel Hombroich (Hg.), *Bildband Museumsinsel*

7–9   Steidle und Partner: Universität Ulm-West, in: Axel Menges (Hg.), *Universität Ulm West*, Stuttgart 1996

10   Atelier 5: Thalmatt 1, Herrenschwanden bei Bern, 1967–1974, 18 Häuser, in: *Atelier 5 – Siedlungen und städtebauliche Projekte*, Braunschweig/Wiesbaden, 1994

11   Baufrösche Kassel: Wohnbebauung auf dem Gelände des Gutshofs Marienwerder bei Hannover, 1995–1997

12–13   Hans Döllgast: Pinakothek München, Schließung der Südfassade, 1952–1953, in: TU München/BDA (Hg.), *Hans Döllgast*, München 1987

14   Charles Eames: Entwurfsskizze zu einem sideboard 1950, in: John Neuhart, Marilyn Neuhart, Ray Eames, *Eames Design*, Berlin 1989

15   Charles und Ray Eames: arts & architecture, case study house 1949, in: ebd.

16   Paul G. R. Baumgarten: Hotel am Zoo in Berlin. Aufstockung 1950, in: Akademie der Künste (Hg.), *Paul Baumgarten – Bauten und Projekte*, Berlin 1988

17–18   Paul Baumgarten: Badisches Staatstheater, Karlsruhe, Skizzen und Grundriß der Saalebene, Wettbewerbsprojekt, 1960, in: ebd.

19   Paul Baumgarten: Bundesverfassungsgericht Karlsruhe, 1967, Grundriß des 1. OG, in: ebd.

20–21   Baufrösche Kassel: Eingangsgebäude zur documenta-Halle, Wettbewerbsentwurf, 1992

22   Baufrösche Kassel: eigenes Büro, 1990, Schnitt

23   Toyo Ito: Altenheim in Yatsushiro, in: Gustavo Gili (Hg.), *Toyo Ito*, Barcelona 1997

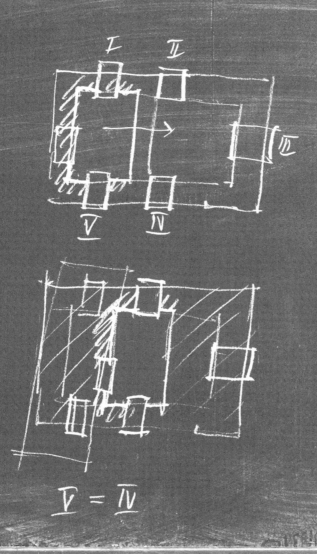

10 Schluß:
Über Konzept-Architektur als Kritik der Gewohnheit

Am Schluß dieser Lektionen, in denen es ja eigentlich darum ging, das für die Architektur so wichtige Nacheinander zu verstehen, Komposition als Schrittfolge zu begreifen, müssen wir noch über ein Kriterium sprechen, das in Architekturdebatten häufig bemüht wird: über die Echtheit beziehungsweise das Gegenteil davon, die Lüge. Das klingt immer sehr moralisch, doch die Rufer nach der reinen Wahrheit übersehen dabei, daß es in der Architektur kein objektives Kriterium gibt, nach dem wir die Wahrheit von der Lüge unterscheiden könnten. Denn die Architektur – auch die klassische – produziert immer auch ein gebautes Erscheinungsbild. Und wie soll man den Wahrheitsgehalt eines Bildes prüfen, das nicht bloß ein Abbild ist?

Ich habe in der dritten Lektion dargestellt, wie wichtig für die Wahrnehmung unserer Umwelt eine Verständlichkeit im Sinne der Seh- und Gebrauchsgewohnheiten ist. Die Wirklichkeit um uns, die natürliche und die kulturell gewordene, ist das Ergebnis langer „Versuchsreihen", aus denen das Bewährte und Konventionelle hervorgegangen ist, alle die Formen also, für die wir Begriffe haben. Die Wirklichkeit ist somit weithin ein Produkt der Kultur, ein Flußbett, in dem der Strom der Geschichte träge dahinfließt. Die Formen und Konventionen – alles, was wir „die Wirklichkeit" nennen – sind die Ufer. Sie lenken den Strom der Ereignisse. Aber der Strom arbeitet auch an den Formen der Wirklichkeit und schleift sie sich zurecht. Es gibt also eine Wechselwirkung zwischen dem Bewahren des Bewährten, der Makrogeschichte, und dem Ändern und Abschleifen des sich in vielen alltäglichen Ereignissen nicht mehr Bewährenden, der Mikrogeschichte. Diese Wechselwirkung beschreibt den kulturellen Prozeß. Und hier liegt ein Schlüssel zur Beantwortung dessen, was Wahrheit in der Architektur sein kann: nämlich die kritische Verbindung zur Wirklichkeit, dieser Ansammlung von Formen und Begriffen. Die architektonische Form, die wir erzeugen, bestätigt sie oder stellt sie auf den Kopf. Aber auch wo sie paradox ist, reibt sie sich an der Konvention und an dem ganzen Geröll mitgeschleppter Begriffe.

Beachtet man allerdings die heutige Szene, dann hat man oft den Eindruck, daß diese Auseinandersetzung nicht mehr stattfindet. Es scheint fast, als müsse man sich als anspruchsvoller Architekt immer sehr gestelzt ausdrücken, sozusagen immerfort „innovativ", „visionär" in gekünsteltem „Architekturisch". Das Konventionelle wird zwanghaft in Frage gestellt, auch wenn es sich noch bewährt und eigentlich gar nicht zur Debatte steht. Dieses zwanghafte Abweichen vom Üblichen verursacht aber nicht nur bei der Herstellung, auf der Baustelle, Fehler, verteuert die Angebote („Angstpreise"); es erschwert auch den stressfreien, praktischen und ästhetischen Gebrauch, ist oft nur anstrengend und zudem oft irreführend. Und da sich dieses Abweichen nicht an der Wirklichkeit abarbeitet wie der Strom an seinem Ufer, hat es auch keinen Wahrheitsgehalt. Das Dumme ist nur, daß sich auch die Öffentlichkeit – jedenfalls die, die zu entscheiden hat – an diese gestelzte Ausdrucksweise gewöhnt hat, immer nur Originalitätsbeweise dieser Art erwartet und am Normalen orientierte Lösungen als „pausbäckig" und „altbacken" verunglimpft. Selbstverständlich gilt auch das Umgekehrte: Formen, die von früher her vertraut sind, aber längst durch andere Produktionsformen oder Lebensgewohnheiten überholt sind, werden vor allem von Laien gefordert, denen sie das Gefühl der Geborgenheit geben. Das Altehrwürdige sei so schön, so vertraut: es soll gefälligst wieder her. Selbstverständlich hat auch das keine Verbindung mehr mit dem „Strom der Ereignisse" und ist dann eine architektonische „Lüge". Was Prinz Charles von der Architektur erwartet – die Architekten sollten gefälligst die guten alten britischen Formen wahren –, ist eigentlich die Aufforderung zur Abschaffung von Kultur. Wobei diese königliche Moralpredigt an die britischen Architekten wohl die überzogene Antwort auf all die unnötigen und hergeholten Unkonventionalitäten der modernen Architektur in England ist. Der Applaus in der englischen Öffentlichkeit jedenfalls ist groß, ebenso groß wie der für Walt Disneys gebaute Nachbildung einer typischen amerikanischen Kleinstadt vom Anfang des Jahrhunderts namens „Celebration", und es sieht ganz so aus, als ob unser Beruf nur mit der einen oder der anderen „Lüge" existieren kann.

Die Gesellschaft will, so scheint es, für ihr Geld entweder richtiges „Architekturisch" oder aber die alten Zöpfe, auf jeden Fall keine architektonischen Antworten auf die Wirklichkeit um uns, keine Antworten, die das Normale tun und deshalb verständlich sind, solange es noch taugt, und die dort abweichen, wo die bekannte und konventionelle Form nach unserer Alltagsbeobachtung nicht mehr taugt und bearbeitet werden muß. Kenner der Baugeschichte erinnert das an die in vielerlei Form wiederholte Botschaft von Adolf Loos, die dieser schwerhörige Herr aus Wien in vielen Zeitungsartikeln, in Vorträgen und in seinen beiden Büchern mit oft beißendem Witz gerade gegen berühmte Kollegen vorgebracht hat: *„Änderungen an der alten Form"*, hatte er gesagt, *„sind nur dann erlaubt, wenn sie Verbesserung bedeuten. Sonst aber bleibe beim Alten."* Und er hatte dabei den meisten der modernen Kollegen wenigstens eines voraus: Er hatte die „Neue Welt", wie man damals sagte, schon gesehen! Als junger Mann hatte er 1893 die Weltausstellung in Chicago besucht und danach drei Jahre lang Amerika bereist, hatte also, wie er nicht ohne Ironie sagte, den „zivilisierten Westen" kennengelernt, das Chicago Sullivans, und dort viele Beispiele dafür gefunden, daß ein Gebrauchsgegenstand ohne alle gestelzte Ornamentik wie zum Beispiel eine ganz unverzierte Tabakdose viel mehr Kultur hat als die reich ornamentierten Teile, die im alten Europa um seine Zeit noch üblich waren. Diese Einsicht – und das ist das Spannende und Aktuelle an Loos' Philosophie – brachte ihn nun aber nicht dazu, gleich das Kind mit dem Bade auszuschütten und in das dürre puritanische Gegenteil zu verfallen wie etwa Hannes Meyer („der Grundriß errechnet sich aus folgenden Faktoren") oder Mart Stam („wir wollen eine letzte Form!"). Nein, weder noch. Statt dessen die Rückbesinnung auf Brauchbarkeit und Konvention, die noch taugt. Voller Spott pflegte Loos zu erzählen, wie angeblich einmal ein Professor der Akademie und Anhänger der Wiener Sezession zu seinem alten Sattlermeister Pfeilig gekommen sei, um ihn über die total modernen Entwürfe seiner Studenten für einen Sattel urteilen zu lassen. Der aber habe sich alle diese neuen Sattelentwürfe lange schweigend angesehen und dann schließlich nur gesagt: „Lieber Herr Professor! Wenn ich auch so wenig vom Leder, vom Reiten und vom Pferd verstünde wie Sie, dann hätte ich auch wohl so originelle Ideen."[1] Und wirklich: Sättel sind nie zum Objekt der Mode geworden und geradezu Musterbeispiel für die Unschuld und Vornehmheit der reinen, konventionellen Gebrauchsform.

Wo andere schwärmten: *„ Weg mit den Sauertöpfen, den Tran- und Trauerklößen, den Stirnrunzelnden, den ewig Ernsten, den Säuerlich-Süßen, den immer Wichtigen! […] Zerschmeißt die Muschelkalksäulen in Dorisch, Ionisch, Korinthisch, zertrümmert die Puppenwitze! Runter mit der Vornehmheit der Sandsteine und Spiegelscheiben, in Scherben der Marmor- und Edelholzkram, auf den Müllhaufen mit dem Plunder!"*[2], blieb Herr Loos zurückhaltend. Zwar hatte auch er sogar schon ein Jahrzehnt vor diesem Aufruf Bruno Tauts das Ornament als Verbrechen bezeichnet, doch in diese Schwärmerei wollte er dennoch nicht einstimmen. Wenigstens von heute aus ist gerade dies das Interessante an seinen „ins Leere gesprochenen" Reden: Loos wollte nur soweit mit der Tradition brechen, wie sie durch die neue Technik und die neuen Ansprüche wirklich veraltet war. Er verweigerte sich damit dem architektonisch verbrämten Marktgeschrei der Auffälligkeiten, in dem nur der „Zusammenhang mit uns" verloren gehe. „Besser bleibe beim Alten. Denn die Wahrheit", so heißt es weiter, „und sei sie noch so alt, hat *mit uns mehr Zusammenhang* als die Lüge, die neben uns schreitet."

Man versteht Loos heute oft so, als sei diese Lüge längst durch die Moderne erledigt. Die „barbarischen" Ornamente sind längst beseitigt! Wir sind modern! Manchmal denke ich, wenn ich höre, wie dieses Wort heute so dahingesagt wird: Ihr Jüngeren könnt Euch gar nicht mehr vorstellen, was das einmal war: „*modern*". Das war ja damals so, wie wenn ein Ufo gelandet wäre. Eine einmalige Sensation! Als Schüler trampte ich, wenn wieder eines gelandet war, dann dahin, etwa zu Scharouns neuer Schule nach Lünen (1). Das war 200 km weg von zuhause und immerhin damals fast eine Tagestour. Und auf dem ganzen Weg dahin gab es überhaupt nichts Modernes. Nur Kriegsruinen, Behelfsbauten und dieses ganze alte Gelumpe von anno dazumal. Und dann – da! Da war es! Weiß und neu leuchtete es aus der alten Umgebung. Das letzte Stück rannten wir vor Spannung. Da war buchstäblich ein Stück Zukunft gelandet. Das also war die Zukunft. Andächtig standen wir davor. Jetzt konnten

1

wir es anfassen. Ein leichter Schauer überkam uns. Das war modern! Oder meine Ankunft nach langer Tramptour 1953 vor Asplunds Rathausanbau in Göteborg! (2) Welch ein Augenblick! Das war auch modern, aber mich faszinierte schon damals, wie leise und zurückhaltend das war, etwas ganz Reines, Weißes zwischen all diesen ergrauten und veralteten Teilen. Das war modern. Aber Loos war in unseren Augen, als ich Student war, so eine Art Spielverderber. Denn wir wollten immer noch und immer wieder diesen Schock des Fortschritts erzeugen. Ganz Paris abreißen wie Corbu: für die Zukunft.

Inzwischen sind wir alle erwachsen und etwas zynisch geworden. Die architektonischen Ufos der sogenannten Zweiten Moderne funktionieren nicht mehr wie damals. Cool nehmen wir sie als Attraktionen in einem kulturellen Erlebnispark, der wenigstens dem Stadt-Marketing dient. Ja, diese ganze gestelzte Architektur ist auf dem besten Weg, der gleiche sezessionistische Kitsch zu werden, den Loos damals kritisierte: Spektakuläres an falscher Stelle, Neues, wo das Konventionelle auch getaugt hätte. Nichts gegen Bauten von Stars, die mit Grund die Konvention verlassen wie etwa die von Herzog & de Meuron, die die neuen Chancen für Formen aus einem Guß untersuchen. Sie arbeiten sozusagen an neuen Konventionen des Gebäude-„Designs". Denn die Zusammengesetztheit der alten Fassaden entspricht nicht mehr den realen techni-

2/3

schen und ästhetischen Möglichkeiten und Bedürfnissen. Mit einem den Schweizern eigenen Hang zu calvinistischer Kargheit und Sparsamkeit klopfen sie ein Material ab auf seine Möglichkeiten, hören geduldig auf seinen Klang und setzen am Ende dann so etwas hin wie die „Winery" in Kalifornien, einen Bau aus einem Guß und mit bezwingender Selbstverständlichkeit, so als ob diese Steinkörbe noch nie für etwas anderes als solche Schatten und Kühle spendenden Wände gebraucht worden wären (3). Oder das Stellwerkgebäude am Bahnhof in Basel! (4) Hier finden Versuche an überholten Formen statt, denen andere Architekten folgen können. Die Konvention verschiebt sich – heute oft in einem abstrakteren Bereich als vor hundert Jahren, als es noch mehr um Material und Zeitersparnis ging. Nichts also gegen solche Expeditionen. Aber wir stehen heute vor einer ganz anderen, ja umgekehrten Schwierigkeit: wie wir – trotz allem Konkurrenzdruck und der Erwartung unserer Auftraggeber – den *Anschluß an die Konvention* wiederherstellen können, *ohne* dabei populistisch wie Prinz Charles oder die Walt Disney Comp. zu werden. Eine Gratwanderung: Einerseits nicht die Scheingefechte um Modernität führen, wie sie die Öffentlichkeit oder manche Auftraggeber von uns erwarten, wenn es das Übliche eigentlich auch tut. Andererseits aber die neue Form vorschlagen, die erforderlich ist, um die Wirklichkeit nach unserer Auffassung zu verbessern, beziehungsweise die Mängel der Wirklichkeit

4

zu beheben. Das wäre modern. Und hätte „Zusammenhang mit uns".

Um ein einfaches Beispiel zu nehmen: ein Wohnhaus in der Stadt. Der Platz ist dort teuer, die Bebauung deshalb dicht, die Freiräume verschattet und mit parkenden Autos vollgestellt: ein solches Haus kann weitgehend konventionell sein. Es sollte an der Straße stehen wie all die anderen auch, es sollte schön proportioniert sein und nicht aus der Reihe tanzen. Es sollte Fenster haben wie all die anderen auch, vermutlich stehende, weil die praktischer sind. Ob die Briefkästen drinnen oder draußen sind, werden wir wohlweislich nach der Ortsüblichkeit entscheiden. Kurz, wir sollten uns nicht scheuen, ein ganz normales und schönes Haus zu zeichnen, mit nur einem Unterschied: Auf dem Dach wird ein Dachgarten sein, kein ausgebautes Dachgeschoß. Seitdem man endlich solche Dachterrassen problemlos herstellen kann, gibt es – außer den oft viel zu engen Regeln der Bebauungspläne, den folkloristischen Vorschriften des Denkmalschutzes oder dem Ausnutzungsdruck der Investoren – keinen Grund mehr, an der alten Bauweise festzuhalten. Dieses konventionelle Haus mit Dachgarten wäre heute „modern" in Loos' Sinn. Sogar mitten in einer Altstadt mit steilen Dächern würde ich versuchen, ein Haus mit Dachgarten zu bauen. Ja, nur um die Denkmalpfleger richtig auf die Palme zu bringen, würde ich auch einem alten Fachwerkhaus sein Steildach abnehmen und den guten Leuten, die seine niedrigen und dunklen Räume bewohnen, einen schönen Dachgarten draufbauen, den sie in der Altstadt ja dringend brauchen. Denn die alten Dachspeicher und die kleinen Gauben haben längst *„keinen Zusammenhang mehr mit uns"*. Und gerade, weil wir die alten Bestände ebenso lieben wie die vertraute Umgangssprache, möchten wir sie „mitnehmen" in unsere heutigen Zusammenhänge, ihnen eine Chance zur Verjüngung geben, anstatt sie zu mumifizieren. Aber dieses Beispiel zeigt auch gut den Unterschied zum Populismus: Die Aufregung wäre groß, aber nicht wegen eines architektonischen „Gags", sondern weil unser Fachwerkhaus mit Dachterrasse eine wichtige Diskussion in der Stadt in Gang setzt, an der alle sich beteiligen können. Und unser Haus korrigiert die Konvention, die Gewohnheit, die hier nicht mehr taugt.

Eine gute Möglichkeit, sich beim Entwerfen vor dem Architektonischen zu schützen, ist die, sich als Gruppe zusammenzutun. In der Gruppe muß man sprechen, erklären, seine Meinung deutlich machen. Das hilft sehr viel. Und es ermöglicht produktive Mißverständnisse, die die Sache oft weiterbringen. Denn in allen Hinterköpfen läuft bei solchen Diskussionen ja ein Kino mit Bildern, wie etwas gemeint sein könnte: Fiktionen. Und eine dieser Fiktionen, vielleicht eine, die gar nicht gemeint war, kann gerade die sein, die das ganze Problem noch besser löst. Allzu extreme Formen bewähren sich hier meist nicht lange. Schneller als bei der isolierten Arbeit eines einsamen Entwerfers werden alle ihre Nachteile sofort aufgedeckt. Auch bauaufsichtliche Mängel, Brandschutzprobleme, Aspekte, die man allein leicht übersieht, alle solche Unkonventionalitäten werden hier rasch aufgedeckt und abgeschliffen. Wir haben bei uns im Büro deshalb folgende Praxis eingeübt: Wir setzen uns anfangs, wenn wir die Arbeit zum Beispiel an einem Wettbewerb beginnen, im größeren Kreis zusammen und diskutieren die Aufgabe, die einer von uns bis zu dieser ersten Sitzung schon studiert und aufbereitet hat. Sobald wir uns nach längerem Diskutieren und Skizzieren für ein Konzept entschieden haben, schreibt einer von uns die „Erläuterung" zu dem Entwurf, den es um diese Zeit ja noch gar nicht gibt. Das Konzept ist die subjektive Einschätzung der vorgefundenen Wirklichkeit: der Aufgabe und wie sie beurteilt wird. Wir könnten auch sagen: Das Konzept beschreibt eine unserer Meinung nach erforderliche Reparatur an einer gewohnten Form. Und indem wir die Aufgabe in unseren Worten beschreiben, beschreiben wir auch schon Umrisse der Lösung. Um ein Beispiel zu geben: Als die Illustrierte *Stern* uns zu ihrem Wettbewerb um das (freistehende) „Wunschhaus der Deutschen" einlud, gab es bei uns nicht nur eine Diskussion um diese besondere Bauaufgabe. Der grundsätzliche Streit darüber, ob wir, die wir uns bislang immer um das verdichtete und kostensparende Bauen gekümmert hatten, uns überhaupt an so etwas beteiligen sollten, ging heftig und tagelang! Aber am Ende war die Beschreibung der Aufgabe und der Lösungsrichtung, also das Konzept, doch eine sehr deutliche Interpretation der Aufgabe. *Unser* Wunschhaus sollte auf jeden Fall nicht aus einem Haus, sondern aus *zwei* kleinen Häusern bestehen, und zwar aus vielerlei Gründen: weil es die typische Familie nur noch selten gibt, und wenn, dann weil eine Trennung in ein Eltern- und ein Kinderhaus oder in Wohnhaus und Praxis sicher gut ist; weil es eben viele andere Arten von Lebensgemeinschaften gibt, die zwar gerne nah, aber nicht zu nah beieinander leben wollen; weil man erst nur ein kleines Haus braucht und das andere später, und weil man, wenn die Kinder aus dem Haus sind, sich gerne in ein kleines Haus zurückzieht und das andere vermietet, und weil das Mehr an Außenwand bei heutigem

Wärmeschutzstandard längst kein Thema mehr ist. Unser später mit dem ersten Preis bedachter Entwurf war dann die relativ selbstverständliche Lösung dieses Konzepts (5/6).

Ein Konzept ist also die Erläuterung dessen, was – wenn überhaupt – an der konventionellen Form zu ändern ist. Das heißt aber, daß wir die Wirklichkeit, also die Konventionen, den Ort, den Status quo, genau kennen müssen. Wie funktioniert die Wirklichkeit? Warum ist sie so und nicht anders? Wie gehen die Leute damit um? Das müssen wir beobachten. Wir müssen uns für das Gewohnte und Bewohnte, die Alltäglichkeiten, aber auch für den „Markt" interessieren. Und dann müssen wir *deutliche Antworten* geben. Sie müssen nicht jedermann gefallen. Im Gegenteil: Die Hälfte wird sich darüber aufregen, wird sie unpassend finden. Aber die andere Hälfte wird sie aus den gleichen Gründen gerade schön und richtig finden. Dieser Streit zeigt auf jeden Fall, daß alle etwas „verstanden" haben, daß sie sich damit auseinandersetzen: mit etwas, wohlgemerkt, das nur teilweise und aus bestimmtem Grund von der Konvention abrückt, und das sie deshalb *verstehen können*. Das ist wichtig, denn man kann auch mit Architekturischem Aufmerksamkeit erregen. Aber es wird dann von vornherein als Fremdsprachliches wahrgenommen, das man versteht oder nicht. Bei Konzepten aber geht es um Vorschläge, wie wir mit unseren Gewohnheiten, unseren gewöhnlichen Lösungen umgehen, und wie wir sie verändern können.

5/6

Ich will am Schluß zwei zugegebenermaßen extreme Beispiele für eine solche Art „umgangssprachlicher" Konzept-Architektur bringen, die zugleich auch eine Perspektive für unseren Beruf illustrieren. Das erste ist unser bei vielen Kollegen unverstandener Vorschlag von 1994 für die Spreeinsel in Berlin-Mitte, das zweite eine Arbeit des kürzlich verstorbenen Architekten Frans van Klingeren. Zunächst also zum ersten Beispiel, der Spreeinsel beziehungsweise der neuen Berliner „Stadtmitte". Die Bundesbaudirektion war in ihrer ersten Ausschreibung von einer *tabula rasa* ausgegangen: Der Palast der Republik konnte von den Wettbewerbsteilnehmern wegen Asbestverseuchung abgerissen werden, Punkt, aus. Das einstige barocke Stadtschloß, das bekanntlich von der DDR-Regierung 1950 unter Ulbricht ähnlich rigoros gesprengt worden war, war in den Wettbewerbsunterlagen gar nicht erst dokumentiert; gleichwohl konnte sich der Auslober vorstellen, daß ein neues Gebäude etwa „in den Umrissen des Stadtschlosses" an seine Stelle treten könne. Nun hatte sich damals eine Initiative gegründet, die das Stadtschloß wieder aufbauen wollte. Sie hatte mit dem wackeren Kaufmann von Boddien ein Jahr zuvor eine Kulisse des alten Stadtschlosses aufgebaut, deren unerwarteter Anblick mich damals wie ein Blitz getroffen hatte. Ich war – ja ich muß es so sagen: Ich war tief gerührt. Und das, obwohl ich beim Lesen der Nachricht über diese Schloßattrappe (7) noch gespottet hatte, die wollten jetzt ihren alten Kaiser Wilhelm wiederhaben! Doch dieses Eins-zu-Eins-

Modell machte mit einem Schlage klar: Dieses gewaltige, barocke Schloß gehörte da einfach hin. Plötzlich erhielten alle diese anscheinend zusammenhanglos dastehenden Gebäude wieder ihren festen Platz im Stadtgefüge. Und warum sollte es da eigentlich nicht wieder hinkommen, verschnitten mit dem DDR-Bau? Samt dem herrlichen „Schlüterhof" (8/9), den wir dann in unserem Entwurf, da er im Bereich des Palastes der Republik seinen Platz hatte, einfach nach vorne zogen zwischen Tor II und Tor IV, dorthin, wo eigentlich der Hof Eosanders war. Aber ist ein solcher Vorschlag nicht gerade das, was ich soeben als das andere Extrem bei Prinz Charles' Architektenschelte verurteilt habe, das Festhalten an alten Zöpfen, die längst keinen Zusammenhang mehr mit uns und unserer Wirklichkeit haben?

Tatsächlich ging die Ablehnung der Architektur-Intelligentsia in diese Richtung. Das sei, hieß es im Feuilleton der *Süddeutschen Zeitung*, alles „Fassaden-Lüge"[3]. Da ist es wieder, das Wort von der Lüge! „Die Lüge, die neben uns schreitet." Aber was wäre dann die Wahrheit an diesem Platz? Hier zeigt sich wieder, daß es mit der Wahrheitsmoral in der Architektur nicht so einfach ist. Die Geschichte ist ein wichtiger Teil unserer Wirklichkeit. Sie hat uns, unsere Wirklichkeit gemacht, erzeugt. Und jeder von uns kennt die Dramen und Tragödien beispielsweise von Adoptivkindern, die sich vergewissern wollen, wer wirklich ihr Vater war, wer tatsächlich ihre

8

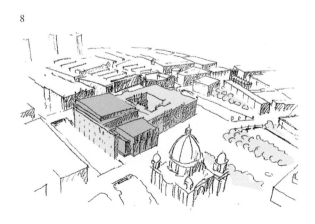

Eltern waren. Das ist für jeden Menschen ein offenbar existentiell notwendiges Wissen. Hier geht es also nicht um die Herstellung einer Scheinwirklichkeit wie bei Walt Disney, nicht um gefällige Folklore. Unser Vorschlag, *beide* Gebäude, Schloß *und* „Palast" (10), wiederaufzubauen, ist eine Strategie der Selbstvergewisserung. Wir meinen, dieser Ort hat mit diesen beiden Gebäuden darauf „mehr Zusammenhang mit uns" als ohne. Ein modernes Gebäude „in den Abmessungen des Stadtschlosses", also so ein Kasten, wie er der Jury vorgeschwebt haben muß und wie sie ihn auch prämiert hat, wäre dann zweifellos als heutiges Gebäude erkennbar gewesen. Aber was sagt das über uns? Was sagt das über unsere zentrale, historische Mitte? Wäre dieser vornehme Rückzug auf eine Fluchtlinie und eine Traufhöhe an diesem Platz auch Loos' Antwort gewesen? Kann mir jemand sagen, was dagegen spricht, eine historische Fassade noch einmal zu bauen, nach den alten Plänen Andreas Schlüters und seines Nachfolgers Eosander oder, wenn nicht vorhanden, nach den Tausenden überlieferter Fotos und den Zeichnungen des letzten Schloßbaumeisters Geier und mit den noch vorhandenen Bruchstücken und Skulpturen, wenn – und das ist wichtig – die Öffentlichkeit das zu ihrer Selbstgewißheit braucht? Wäre ein solcher Wiederaufbau, den man als solchen – auch als Laie – an vielen Stellen – nicht zuletzt am Verschnitt mit dem Palast der Republik – erkennen könnte, an diesem Ort nicht mehr allgemeinverbindliche Wahrheit,

9/10

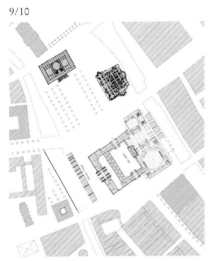

als ein Gebäude aus der Hand eines zeitgenössischen Entwerfers, sagen wir Jean Nouvel, Frank O. Gehry oder Norman Foster, „in den Umrissen des Schlosses"? Dort käme doch dem persönlichen Akt des Entwerfens eine Bedeutung zu, der er nie gerecht werden könnte! Bei einer nochmaligen Überarbeitung des Entwurfs 1998 gingen wir soweit, daß wir nunmehr nur eine „Geschichtsbaustelle" als *work in progress* forderten, an deren Anfang ein Wettbewerb um den ehemaligen Volkskammersaal und das Schloßtor V stehen sollte. (Das Tor V ist dasjenige, das an seinem historischen Platz wiedererrichtet zur Hälfte im Palast der Republik und dort im Volkskammer-Saal stünde.) Also ein Entwurf mit offenem Ende (11). Inzwischen hatte die Diskussion um das Holocaust-Denkmal uns überdeutlich gemacht, daß an symbolisch so zentralen Stellen holistische Entwürfe ebenso überholt sind wie die von François Lyotard so genannten „großen Erzählungen".

Aber zurück zur Diskussion um die Rekonstruktion und die „Fassadenlüge": Wahrheit, Echtheit, ist in der Architektur ohnehin noch nie ein verläßliches Kriterium gewesen. Von den falschen Akantusblättern der korinthischen Kapitelle über die gefälschten Himmel in den Deckenspiegeln barocker Kirchen und die zinnernen „Steinreliefs" an Schinkels Glienicker Pavillon bis zu den vorgehängten Steintapeten moderner Bauten ist Wahrheit und Echtheit bisher nur in der Architektur des „Tausendjährigen Reichs" verwirklicht worden, und dort für eine erlogene Größe

11

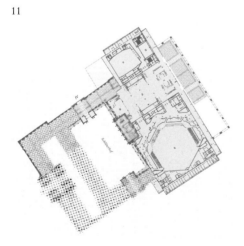

und Ewigkeit. Nein, Wahrheit gibt es ohnehin nicht außerhalb unseres „Geschmacks", unserer Politik, unseres „Willens". Denn die Wahrheit ist in der Architektur eine Frage nach dem, was wir *wollen, nach einem Konzept*, und nicht nach dem, was wir wissen, also nach irgendwelchen materiellen „facts" oder Tatsachen über Material, Herstellungsweise oder Autorschaft. Die „Lüge schreitet immer neben uns". Wir Architekten können in so einem prekären Fall nur eines machen: Wir können der Allgemeinheit (und nicht nur unserer eigenen intellektuellen Mittelschicht) ein verständliches *Wahrheitsangebot* machen.

Mein zweites Beispiel ist weniger dramatisch, aber vielleicht auch leichter verständlich. In den siebziger Jahren – so hat man es mir erzählt, und ich habe diese Geschichte bis heute nie genau nachgeprüft – wurde in Amsterdam ein Wettbewerb für eine neue Mensa der dortigen Universität ausgeschrieben. Diesen Wettbewerb gewann der schon vom Stadthaus 't Karregat in Eindhoven bekannte Architekt Frans van Klingeren (12/13). Die neue Mensa hätte den Abriß mehrerer Straßenblocks Alt-Amsterdams bedeutet. Das machte dem Architekten zunehmend Kummer. Van Klingeren quälte sich Wochen mit diesem Entwurf, diskutierte und redete mit allen möglichen Leuten. Und dann am Ende fand er die Lösung: Zusammen mit einem Betriebswirt entwarf er einen Verbund von Quartierskneipen, in denen die Studenten mit staatlich subventionierten Essensmarken essen gehen können sollten. Das Stadtquartier konnte stehen bleiben, die lokale Gastronomie erfuhr eine dringend gebrauchte Unterstützung, die Studierenden waren glücklich, und die Amsterdamer Bürger behielten ihren Stadtteil ziemlich unverändert.

12/13

Ich traf van Klingeren 1979 auf einem internationalen Architektentreffen, bei dem die Veranstalter, Jos Weber und Frei Otto, wie sich dort erst herausstellte, den alten CIAM noch einmal wiederbeleben wollten, was aber von der großen Mehrheit von uns für keine gute Idee gehalten wurde.[4] Dort saßen wir noch vor Beginn der Veranstaltung abends beieinander, und ein Holländer an unserem Tisch lobte Le Corbusier in den höchsten Tönen. Ich dagegen, der Pilger von Chandigarh, war damals, als wir die Ausstellung über Leberecht Migge[5] machten, schon viel mehr auf der Seite seiner Gegenspieler Loos und Migge und hielt mit deren Worten kräftig dagegen. Erst nachher erfuhr ich, daß der Corbusianer van Klingeren gewesen war. Was, der? Am andern Morgen setzte ich mich beim Frühstück gleich zu ihm, was den armen van Klingeren wahrscheinlich nicht gerade begeisterte. Aber ich erzählte ihm nun, daß ich meinen Studenten immer die Mensa in Amsterdam als Beispiel konzeptionellen Entwerfens darstelle, als Beispiel für eine der großen Leistungen moderner Architektur. Das stimmte ihn versöhnlich, und wir haben uns dann noch sehr gut verstanden, zumal auch ich, wie man schon weiß, im Grunde meines Herzens ja ein unverbesserlicher Jünger Corbus war. Aber ist es nicht wunderbar, dieses Konzept für eine Mensa? Auch das ist ein Entwurf, ein umgangssprachlicher Entwurf sozusagen, und er hat mehr „Zusammenhang mit uns" als jeder andere denkbare an dieser Stelle.

Offensichtlich ist aber auch an diesem zweiten Beispiel, daß diese Art des Entwerfens nicht unbedingt geschäftsfördernd ist und auch den Ruhm des Entwerfers nicht gerade erweitert, ebenso wie beim ersten Beispiel. Denn dort würde im Falle der Realisierung außer dem Barockbaumeister Andreas Schlüter ja eine ganze Kette von Urhebern wie im Vorspann eines Films aufgezählt werden müssen. Und diese Mensa: Kommt sie etwa in unseren Architekturbildbänden vor? Sie ist als architektonisches Werk gar nicht mehr greifbar. Hier also müssen wir etwas ändern. Erstens müssen wir dafür sorgen, daß auch das Nichtbauen honoriert wird, jedenfalls dort, wo es um öffentliche Aufgaben geht. Wir müssen die Gegenstände unserer Arbeit vom bloßen Projekt zur *Entwicklung des Projekts* erweitern, so etwas wie Projektentwickler beziehungsweise Bedarfsplaner werden. Und zweitens müssen wir das Etikett „Kunst", das unsere Entwurfsstars häufig und ziemlich ungeniert für ihre immer unkonventionellen (ästhetischen) Sahnetörtchen in Beschlag nehmen, für solche konventionellen (ethischen) Konzepte einsetzen. Weil die Welt mit den sich stellenden Problemen immer noch komplexer und komplizierter wird, ist auch die Zeit der einsamen Genies, der Einzelkämpfer und Unternehmensgründer längst passé, ebenso die Zeit der greifbaren, abgeschlossenen Produkt- und Kunsterfindungen.

Dieser Notwendigkeit zu mehr konzeptioneller Teamarbeit kommt die eingangs beschriebene Wandlung von Architektur zu „Design" einerseits sehr entgegen, andererseits aber erschwert sie diese Weiterentwicklung. Denn „Design" ist zunächst einmal Herstellung eines ansprechenden, marktgängigen Äußeren, „Propaganda der Form" (Hans Frei). Zugleich befreit es aber den Beruf von der Fixierung auf das Bauen allein. Auf jeden Fall wird dieser Übergang unseren Beruf von Grund auf ändern. Schon heute zeigt sich der Wechsel in unserer Arbeit ganz konkret in der anderen Art der Ausschreibung. Bei den Baufröschen etwa schrieben wir noch in den neunziger Jahren unsere Projekte, soweit sie sich zur Serie eigneten, nicht mehr in Gewerken und in „Massen" aus, sondern europaweit in Losen und nach Leistungsdaten. Statt also anzugeben, wie eine Wand aufgebaut sein soll, mit wieviel Kubikmetern Mauerwerk und wieviel Quadratmetern Dämmstoff und Außen- und Innenputz, überließen wir diese Entscheidung dem Anbieter. Wir beschrieben nur ihr *Erscheinungsbild* und die Leistung an Wärme-, Schall- und Brandschutz, die sie bieten soll. Wir waren hier nicht mehr die Vordenker und Organisatoren eines Prozesses *step by step*, sondern – Designer. Und auch unser Auftraggeber hatten sich gewandelt. Wir hatten nun nicht mehr den „Bauherrn" vor uns, der etwas Bestimmtes *für sich* will, sondern einen Finanzierungsbeschaffer und Zwischenhändler, der unser Produkt weiterverkauft. Seither hat sich die Ökonomisierung unserer Arbeit dramatisch verstärkt. Wir haben kein Gegenüber mehr, keinen wie auch immer legitimierten Bauherrn. Der Bauherr war häufig noch ein Mäzen, der sich von unseren verrückten Ideen begeistern ließ. Er war ein Kunstförderer, und es bedeutete ihm etwas, ein Haus von uns zu bekommen, mit unserer unverwechselbaren Handschrift. Oder er war eine Institution, die sich von einem Preisgericht beraten ließ. Der neue Auftraggeber hantiert mit großen Bankkrediten und muß bei Strafe seines Bankrotts verkaufen. Er will ein Produkt von uns, das „am Markt" geht. Er kann sich keine Experimente leisten und Kunst nur soweit, wie sie dem Marketing dient.

Diese neue Situation ist natürlich für Architekten, die etwas auf sich halten, äußerst schwierig. Aber andererseits ist sie unsere Chance, um uns aus dem Architekturischen, aus unserer intellektuellen Clique zu befreien. Denn der Markt ist eine Bedürfnislage, jedenfalls soweit er noch nicht durch Werbung einseitig und falsch manipuliert ist. Da aber unsere Produkte nicht als Großserie auf den Markt kommen, gibt es hier auch kaum eine im vorhinein verfälschende Werbung. Statt uns als exaltierte Künstler einem Mäzen anzudienen, können wir für öffentlich-rechtliche Auftraggeber oder private Investoren Konzepte entwickeln, die einen hohen Gebrauchswert haben. Und wir können Einfluß auf die Vermarktung nehmen und indirekt oder direkt mit den Gebrauchern (zum Beispiel kleinen Bauherrengruppen) in Kontakt treten. Ein bestimmter Teilmarkt wird unser neuer Bauherr sein. Natürlich: Das Erscheinungsbild soll jetzt Kunden ansprechen, womöglich schlichte Gemüter. Aber das ist auch gut so! Wir werden uns deshalb ernsthafter mit deren konventionellen ästhetischen Bedürfnissen auseinandersetzen müssen. Wir werden nicht mehr bloß für unsere Schicht, den intellektuellen Mittelstand arbeiten, für das, was dort für gut gehalten wird. Wir werden kein Architekturisch mehr sprechen können! Wir werden die Ästhetik erweitern müssen, so daß auch das in unseren Augen Kitschige, also Ästhetiken anderer Schichten und Kulturen, darin stattfinden kann.

Am Anfang des 21. Jahrhunderts können wir endlich wieder da anknüpfen, wo Loos (und Migge) am Anfang des alten schon mal begonnen hatten: Kulturarbeit, Konzepte ohne scharfe Abgrenzung: für brauchbarere Wohnformen, mehr Alltagskultur, angepaßtere Lebensgewohnheiten, einen behutsameren Umgang mit Geschichte, Zeit, Natur, Stadt. Und anstatt uns als Touristen darüber zu entrüsten, daß in Ländern mit geringerer industrieller Entwicklung wie Indonesien, Siam, Jemen oder Mexico die dort noch vorhandenen und angepaßten Bauweisen irgendwelchen architekturischen Modernismen geopfert werden, sollten wir uns schon fragen, ob wir nicht in unserer eigenen Praxis ständig solche Dummheiten zur Abschaffung der Kultur fördern. Anstatt ausgefallene Architektur-Events immer nach dem Geschmack unseres eigenen gehobenen Mittelstands zu veranstalten, sollten wir an unserem Ort öfter die Chance wahrnehmen, den Beruf zu dem von Gebäude-Designern, Konzeptentwicklern und Kulturarbeitern weiterzuentwickeln. Bei der „Resozialisierung" kontaminierter Altbestände, bei der Inszenierung von Architektur mit vielen Autoren, bei der Durchsetzung einer sparsameren Stadttechnik und der Ermöglichung von Kontrasten, aus dem die für die Entstehung von Stadt und Stadtöffentlichkeit notwendige Reibungswärme entsteht, spielt heute die Musik!

Anmerkungen

1   Adolf Loos: „Ein Nachruf", in: *Sämtliche Schriften*, Wien 1962
2   Bruno Taut: „Nieder den Seriosismus", in: *Frühlicht*, Berlin 1920, zitiert nach: *Planen und Bauen in Europa*, 1913–1933, Katalog der gleichnamigen Ausstellung, Berlin 1978
3   Gottfried Knapp: „Die Fassadenlüge", in: Süddeutsche Zeitung, 8./9. August 1998
4   M.Wilkens: „Internationaler Architekturkongreß Otterloh 1982 – Weshalb und Wozu?", in: *ARCH* +, Heft 65, 1982. Die beiden Veranstalter, Frei Otto und Jos Weber, hatten nur Architekten eingeladen, die sie für Kritiker der Postmoderne hielten, weshalb keiner der damals „aktuellen" Namen vertreten war.
5   Fachbereich Stadt- und Landschaftsplanung der Gesamthochschule Kassel (Hg.): *Leberecht Migge 1881–1935, Gartenkultur des 20. Jahrhunderts*, Worpswede 1981

Bildlegenden

1   Hans Scharoun: Geschwister-Scholl-Gymnasium, Lünen in Westfalen, 1955–1962, in: Peter Pfankuch (Hg.), *Hans Scharoun, Bauten, Entwürfe, Texte*, Berlin 1993
2   Gunnar Asplund: Rathausanbau, Göteborg 1934–1937, in: Gunnar Asplund: Villa Snellmann, Djursholm 1917–1918, in: *Asplund*, Stockholm Arkitektur Förlag 1985
3   Herzog & de Meuron: Weingut Dominus in Napa Valley, 1995–1998, in: *Naturstein Architektur* 1, 2000
4   Herzog & de Meuron: Signal Box, Basel, 1994, in: Thomas Ruff, *Architectures of Herzog & de Meuron,* (Portraits), New York 1995
5   Baufrösche Kassel: Zwillingshäuser in Oberhausen, Foto: Baufrösche. Wettbewerbsbeitrag, 1997
6   Fassadenmodell des Stadtschlosses in Berlin, im Maßstab 1:1 an historischer Stelle auf der Spreeinsel, in: Förderverein Berliner Stadtschloß (Hg.), *Das Schloß. Eine Ausstellung über die Mitte Berlins*, Berlin 1993
7–8   Baufrösche Kassel: Bebauung des Marx-Engels-Platzes in Berlin mit umgebautem Palast der Republik und teilrekonstruiertem Stadtschloß, Wettbewerbsbeitrag, 1993
9   Stadtschloß Berlin: Östlicher, nach seinem Architekten auch ‚Schlüterhof' genannter Innenhof in einem Vorkriegsfoto
10   Baufrösche Kassel: Überarbeiteter Entwurf für den Wiederaufbau von Palast und Schloß in Etappen, 1999
11–12   Frank van Klingeren: Multifunktionales Stadthaus 't Karregat, Eindhoven, 1970–1973, in: Wim J. van Heuvel, *Structuralism in Dutch Architecture*, Rotterdam 1992

Über den Autor

Michael Wilkens, Jahrgang 1935, wuchs in Norddeutschland auf. Bereits während der Schulzeit arbeitete er bei dem jungen Architekten Rainer Herrmann in Oldenburg. 1956 – nach Abitur und Praktikum – brach er zu einer fast zweijährigen Tramptour quer durch Asien bis Japan auf, die ihn 1957 auch nach Chandigarh führte. Danach studierte er Architektur, zunächst in Karlsruhe, unter anderem bei Egon Eiermann. 1961 ging er nach Berlin, um bei Paul Baumgarten zu arbeiten, dessen Bauten ihn damals am stärksten inspirierten, und nebenher an seinen eigenen Möbeln zu basteln. Als Oswald Mathias Ungers 1963 an die Berliner TU kam, schrieb Wilkens sich gleich dort ein, ohne allerdings seine Mitarbeit bei Baumgarten aufzugeben. So geriet er 1964 in die bekannte „Ungers-Klasse", die Heinrich Klotz später als Ursprungsort der Postmoderne in Deutschland identifizierten sollte („Berliner Schule"). Der „postmoderne" Ungers-Diplomand hielt dem „modernen" Paul Baumgarten dennoch die Treue: Zwischen 1962 und 1968 arbeitete er am Umbau des Berliner Reichstags, an der Mensa in Tübingen und am Bundesverfassungsgericht in Karlsruhe mit. Über diese seine Zeit mit und bei Paul Baumgarten hat Wilkens in *Paul Baumgarten, Bauten und Projekte 1924–1981*, berichtet.

Auf der Suche nach einer Tätigkeit als „Planer" – damals ein ganz neues Berufsbild – ging er 1970 zur eben gegründeten Planungsabteilung der Flughafen Frankfurt-Main AG, von wo aus er in Amtshilfe den von Nikola Dischkoff initiierten internationalen Wettbewerb um die Altstadt von Karlsruhe mit vorbereitete. Hier wurden erstmals Prinzipien einer behutsamen Stadterneuerung verfolgt. Seine Erfahrungen mit der Planungsbürokratie am Frankfurter Flughafen, ein Gasthörerstudium der Informationstheorie an der Universität Frankfurt und Erkenntnisse aus dem dramatischen Preisgericht beim Karlsruher Wettbewerb inspirierten ihn 1973 zu seinem ersten Fachaufsatz („Die Angst vor den Formen"), in dem er den Gründen für das ständige Abweichen von bewährten Formen bei wachsender Regelungswut auf den Grund ging. Dieser Erstveröffentlichung verdankte er wohl 1974 seine – vor allem durch Lucius Burckhardt befürwortete – Berufung an die Gesamthochschule Kassel, wo er in den folgenden Jahren vor allem damit beschäftigt war, den neuen Studiengang „Architektur, Stadtplanung, Landschaftsplanung" mit aufzubauen. Erst 1978 gründete er mit seinem vormaligen Studenten Marcel

Monard die Arbeitsgruppe Stadt/Bau, die sich die Realisierung studentischer Projekte auf ihre Fahnen schrieb. Dazu erhielt die Gruppe 1980 Gelegenheit, als sie zur Teilnahme an der *documenta urbana* eingeladen wurde. Mit diesem Debut avancierte sie – dann schon unter ihrem neuen Namen „Baufrösche" – zu einer Größe, die in keine der damals gängigen Schubladen paßte, erst recht nicht, nachdem sie sich mit dem neuen Kreuzgassenviertel in der Altstadt Nürnbergs auch unter Entwerfern Anerkennung verschafft hatte. Mit ihrem neuen Bürohaus avancierte die Gruppe 1993 zu einer der „36 most important addresses of world architecture" – so der Verlag GG in der Werbung zu dem 1996 veröffentlichten Buch: Antatxu Zabalbeascoa *The architect's office*. Zu Wilkens' siebzigstem Geburtstag brachte der Kasseler Fachbereich Architektur, Stadtplanung Landschaftsplanung einen Sammelband seiner Reden und Aufsätze 1973 bis 2003 heraus. Titel: *Am schönsten sind nach alledem die Entwürfe des Esels* (2004).

Daß die zehn Lektionen zum Entwerfen unter einem eher die musikalische Dimension der Disziplin konnotierenden Titel zuerst an der Universität in Santa Clara/Kuba gehalten wurden – Wilkens ist dort seit 1989 mit Kasseler Studierenden im Wohnbau engagiert –, erschließt sich beim Lesen als ganz und gar stimmig: Denn gerade hier geht es nicht um Design-Architektur auf hohem industriellen Niveau, sondern, im Gegenteil, um das zukünftige Bauen „Schritt für Schritt", das sich schon aus Gründen der Sparsamkeit und Nachhaltigkeit an Traditionen und Formen wird halten müssen, die sich immer noch bewähren.

Namenregister

A
Aalto, Alvar, 50, 183
Adam, Mac 155
Alexander, Christopher 51, 100
Ando, Tadao 171
Architektursalon Elvira 179
Archizoom Associati 19
Asplund, Gunnar 41, 82, 111, 194
Atelier 5 177

B
Barragán, Luis 171
Barthes, Roland 57
Baufrösche 165, 177, 185, 197, 205, 209
Baumgarten, Paul 16, 157, 183
Behnisch, Günter 173
Bienefeld, Heinz 111
Blohm, Piet 97
Böcklin, Arnold 20
Bode, Arnold 172
Burckhardt, Lucius 59

C
Cézanne, Paul 49
Chipperfield, David 165
Le Corbusier 49, 89, 119, 135, 194

D
Defert, Daniel 55
Dischkoff, Nikola 59, 98
Döllgast, Hans 181
Durand, Jean-Nicolas-Louis 37

E
Eames, Charles 182
Eesteren van, Cornelis 90
Eiermann, Egon 111, 157
Eisenman, Peter 139
Eosander, Johann Friedrich 200
Eyck van, Aldo 97

F
Foster, Norman 202
Foucault, Michel 55

G
Gaudí, Antonio 74
Gehry, Frank O. 22, 202
Grassi, Giorgio 165
Gropius, Walter 54

H
Häring, Hugo 15, 23, 32
Heerich, Erwin 83, 115
Hermkes, Bernhard 64
Hertzberger, Herman 97
Herzog & de Meuron 194
Hilmer und Sattler 59
Hoffmann-Axthelm, Dieter 56, 163
Holl, Elias 40

I
Ito, Toyo 143, 186

J
Julien, François 173
Junìchiro, Tanizaki 174

K
Kahn, Louis 173
Klee, Paul 145
Klingeren van, Frans 199
Koolhaas, Rem 124

L
Laves, Georg Ludwig Friedrich 156
Leo, Ludwig 64
Lévi-Strauss, Claude 57
Libera, Adalberto 38
Loderer, Benedikt 163
Loos, Adolf 116, 192

M
Malaparte, Curzio 38
Malewitsch, Kasimir 90
Meier, Richard 139
Mendelsohn, Erich 14
Meyer-Christian, Wolf 158
Meyer, Hannes 192
Mies van der Rohe, Ludwig
    15, 72, 93, 114, 157
Migge, Leberecht 204
Modigliani, Amedeo 143
Mondrian, Piet 89
Moneo, Rafael 81

N
Nouvel, Jean 202

O
Oldenburg, Claes 47
OMA, Office for Metropolitan
    Architecture 64
Otto, Frei 204

P
Paxton, Joseph 36
Picasso, Pablo 136
Piranesi, Giovanni Batista 20
Poelzig, Hans 35
Pollya, Lucien 121
Price, Cedric 161

R
Reinhart, Fabio 62
Reissinger, Eckhart 139
Rietveld, Gerrit 47
Rossi, Aldo 18, 61, 113, 163

S
Scharoun, Hans 15, 17, 193
Schinkel, Karl Friedrich 63, 178

Schlüter, Andreas 204
Schwarz, Rudolf 111, 113
Scott Brown, Denise 61
Sigrist, Felix 154
Siza, Alvaro 165
Smithson, Peter 159
Snozzi, Luigi 165
Stam, Mart 192
Steidle, Otto 176
Stirling, James 159

T
Taut, Bruno 192
Tessenow, Heinrich 111

U
Ungers, Oswald Mathias 59, 163

V
Venturi, Robert 61
Verhoeven, Jan 98
Vitruv 13

W
Wagner, Martin 32
Weber, Jos 204
Wright, Frank Lloyd 90, 91

Z
Zenghelis, Zoe 164

Jan Pieper

Das Labyrinthische

Über die Idee des Verborgenen, Rätselhaften, Schwierigen in der Geschichte der Architektur

Das „Labyrinthische" ist eine Eigenschaft von Stadt, Architektur und Raum, die sich ungeachtet ihrer umgangssprachlichen Geläufigkeit einsilbigen Definitionen entzieht. Der Begriff vermag vielmehr ganz unterschiedliche Formen und Qualitäten der architektonischen Ordnung zu benennen, die in wechselnden Konstellationen und Intensitäten in labyrinthischen Raumgefügen zusammenwirken können.

368 Seiten, 180 Abbildungen, Broschur
(BWF 127) ISBN: 978-3-7643-8627-6
Architekturtheorie/Baugeschichte

**Undine Giseke
Erika Spiegel
(Hg.)**

Stadtlichtungen

Irritationen, Perspektiven, Strategien

Stadtplanung war stets Lenkung von Wachstum. Ein gesichertes Wachstum wird es nicht mehr geben. Baulücken und Brachen werden zunehmen, Freiräume auch. Das Verhältnis von bebauten zu unbebauten Flächen gerät in Bewegung. Strukturkonzepte und Planungsstrategien müssen dem Rechnung tragen und für vielfältige Alternativen offen sein.

272 Seiten, 18 Abbildungen, Broschur
(BWF 138) ISBN: 978-3-7643-8357-2
Baupolitik/Planung/Städtebau

Erol Yildiz
Birgit Mattausch
(Hg.)

Urban Recycling

Migration
als Großstadt-Ressource

Von Migranten bewohnte Stadtteile gelten oft als ‚Ghettos'
oder ‚Parallelgesellschaften'. Die kritische Migrationsfor-
schung verlangt einen entschiedenen Perspektivenwechsel:
Es geht darum, den konstitutiven Zusammenhang von
Migration und Urbanisierung endlich zur Kenntnis zu nehmen und den Beitrag der Einwanderer zur (Wieder-)Bele-
bung von Stadtquartieren anzuerkennen.

176 Seiten, 36 Abbildungen, Broschur
(BWF 140) ISBN: 978-3-7643-8804-1
Stadtforschung/Stadtpolitik

Günther Fischer

Vitruv NEU
oder
Was ist Architektur?

Ohne Kenntnis Vitruvs sei die gesamte architekturtheoretische Diskussion der Neuzeit, zumindest bis ins 19. Jahrhundert, nicht verständlich, sagt Hanno-Walter Kruft. Was
aber, wenn diese Diskussion unter falschen Vorzeichen
geführt wurde? Vitruv war Architekt, kein Kunsthistoriker.
Die Neuinterpretation seines Textes als Theorie des Fachs
öffnet endlich den Weg zu einer schlüssigen Architekturtheorie.

256 Seiten, 50 Abbildungen, Broschur
(BWF 141) ISBN: 978-3-7643-8805-8
Architekturtheorie

Bauwelt Fundamente

(lieferbare Titel)

1	Ulrich Conrads (Hg.), Programme und Manifeste zur Architektur des 20. Jahrhunderts
2	Le Corbusier, 1922 – Ausblick auf eine Architektur
12	Le Corbusier, 1929 – Feststellungen
16	Kevin Lynch, Das Bild der Stadt
50	Robert Venturi, Komplexität und Widerspruch in der Architektur
53	Robert Venturi / Denise Scott Brown / Steven Izenour, Lernen von Las Vegas
118	Thomas Sieverts, Zwischenstadt – zwischen Ort und Welt, Raum und Zeit, Stadt und Land *
126	Werner Sewing, Bildregie. Architektur zwischen Retrodesign und Eventkultur
127	Jan Pieper, Das Labyrinthische
128	Elisabeth Blum, Schöne neue Stadt. Wie der Sicherheitswahn die urbane Welt diszipliniert
131	Angelus Eisinger, Die Stadt der Architekten **
132	Karin Wilhelm / Detlef Jessen-Klingenberg (Hg.), Formationen der Stadt. Camillo Sitte weitergelesen *
133	Michael Müller / Franz Dröge, Die ausgestellte Stadt
134	Loïc Wacquant, Das Janusgesicht des Ghettos und andere Essays *
135	Florian Rötzer, Vom Wildwerden der Städte *
136	Ulrich Conrads, Zeit des Labyrinths *
137	Friedrich Naumann, Ausstellungsbriefe Berlin, Paris, Dresden, Düsseldorf 1896–1906. Anhang: Theodor Heuss – Was ist Qualität? **
138	Undine Giseke / Erika Spiegel (Hg.), Stadtlichtungen. Irritationen, Perspektiven, Strategien *
140	Erol Yildiz / Birgit Mattausch (Hg.), Urban Recycling. Migration als Großstadt-Ressource *
141	Günther Fischer, Vitruv NEU oder Was ist Architektur? *
142	Dieter Hassenpflug, Der urbane Code Chinas **
143	Elisabeth Blum / Peter Neitzke (Hg.), Dubai. Stadt aus dem Nichts
144	Michael Wilkens, Architektur als Komposition. Zehn Lektionen zum Entwerfen *
145	Gerhard Matzig, Vorsicht Baustelle! *
146	Adrian von Buttlar u. a., Denkmalpflege statt Attrappenkult *
147	André Bideau, Architektur und symbolisches Kapitel
148	Jörg Seifert, Stadtbild, Wahrnehmung, Design *
149	Steen Eiler Rasmussen, LONDON, The Unique City *
150	Dietmar Offenhuber / Carlo Ratti (Hg.), Die Stadt entschlüsseln *
152	Günther Fischer, Architekturtheorie für Architekten *

* auch als E-Book lieferbar
** nur als E-Book lieferbar